アルク選書

中学英文法で大学英語入試は8割解ける！

高校英語授業の最優先課題

アルク教育総合研究所・監修、金谷 憲・編著、片山七三雄／吉田翔真・著

本書は、アルク教育総合研究所がSherpa（シェルパ：Senior High English Reform Project ALC、2010年設立）の協力を得て発表した「アルク英語教育実態レポートVol. 2」に、詳細な分析と考察を加え再構成した書籍であり、中学英文法の重要性を知らしめ、高校英語授業の改善を提案するものです。

はじめに

　英語教育改革が効果的に行われるためには、正しい現状把握が必要です。これが間違っていると改革が進みません。

　人々の正しい現状把握を妨げる最大の要因は、いわゆる「神話」のようなものだと私は思います。いつの間にかできあがった数々の神話が、まるで真実であるかのように伝承され、時とともに固定化されるために、私たちの目を曇らせてしまうことがよくあるのです。

　「大学入試神話」もそのひとつです。「大学入試があるから○○はできない」、「大学入試があるから△△をしなければならない」という主張はよく聞かれます。大学入試が英語教育改革を全く妨げていない、とは思いません。多少の差こそあれ、入試に向けて生徒たちを準備させなければならないという意識が、高校英語教師の間にあることは事実でしょう。
　しかし、大学入試があるから英語教育改革を実現できない、ということはないと思います。仮に、大学入試の存在が高校英語教育をゆがめているとしたら、それは入試のどの部分なのかを知らなければなりません。現在の大学入試が効果を与えている側面もある、と私は思います。

　翻って、高校英語教育の現場で行われていることで、大学入試のためとされてはいるものの、実際の問題傾向とはあまり関係のない部分はないのか、これも検証されなければなりません。

　本書は、アルク教育総合研究所が「大学入試神話」にチャレンジして行った調査を報告するものであり、高校英語の授業改善を提案するものでもあります。みなさんが、大学入試の実態を正しく把握し、高校英語の入試対策を意味のある形にすることを提案します。

2015年8月
金谷 憲

目　次

はじめに　2
目次　3

第1章　「大学入試神話」にチャレンジ　5

「大学入試神話」にチャレンジ　金谷 憲　6

第2章　［座談会］大学入試は変化している　　　　　　　── 知識から理解の時代へ　17

［座談会］大学入試は変化している ── 知識から理解の時代へ　18

第3章　英語教育実態レポート　41

1　大学入試問題における中学英文法の重要性調査［概要編］
　　アルク教育総合研究所　42
2　大学入試問題における中学英文法の重要性調査［結果と考察編］
　　吉田翔真　49

第4章　中学の知識は高校英文法の問題に応用できる　75

中学の知識は高校英文法の問題に応用できる　片山七三雄　76

第5章　高校における効率の良い文法指導とは　109

高校における効率の良い文法指導とは　吉田翔真　110

第6章　「大学入試神話」を越えて　129

「大学入試神話」を越えて　金谷 憲　130

付録（Appendices）　159

1　CEFRと外部試験スコア換算の目安　160
2　中学校学習指導要領解説 外国語編（抜粋）　161
3　アルク教育総合研究所の調査レポート紹介　176

参考文献・本書で取り上げた入試問題一覧　178
執筆者紹介　180
Sherpaの主な活動内容　182

第1章
「大学入試神話」にチャレンジ

Content

「大学入試神話」にチャレンジ　金谷 憲　6

「大学入試神話」にチャレンジ

金谷 憲

中学レベルの英文法で大学入試にチャレンジ

　「中学で習う文法で大学入試はどのくらい解答できるか」――この問いに答えようと、直近3年間（2012、2013、2014）の大学入試問題、約4000問を実際に解いてみました。それが本書で報告する「アルク英語教育実態レポート」（アルク教育総合研究所 2014 アルク［以下、アルク調査］）です。この調査の結果は、第3章以降で詳しく報告します。

　その前に、なぜこのような調査をしたかを本章で解説しておきましょう。2009年に出版された『教科書だけで大学入試は突破できる』（金谷憲［編著］大修館書店）の中で行った調査（以下、大修館調査）は、今回のアルク調査と同様の趣旨で行われました。この調査では、大学入試を文法（語法）、語彙、処理速度などのいろいろな側面から調査分析しています。

　2003年〜2007年の、5年分の入試問題データを使い、文法（語法）のパートでは、どんな文法（語法、構文）が頻出しているのか、ほとんど出題されていない事項はないのか、それはどのようなものかなどを、センター試験、旧帝大、早慶、MARCH（明治、青山学院、立教、中央、法政）、日東駒専（日本、東洋、駒澤、専修）など33の入試単位で調査しました。大学数で言うと18大学＋センター試験ですが、複数の学部の、異なる入試問題に当たっているので、以下でもこの「入試単位」という表現を使うことにします。このデータの中で調査した「高校で習う文法」（文法と呼べるか、語法、表現などと呼んだほうがよいかはわからないのですが、ここではとりあえず文法としておきましょう）は、〈it is ... (for/of 〜) to 〜〉、〈would rather ... than 〜〉、〈for fear ... should 〜〉といった63項目です。

表1を見てください。調査された63項目中、10回以上入試問題に出現した項目は14項目、1回から9回まで出現した項目は29項目、1度も出現していない項目が20項目という結果になっています。「出題」ではなく「出現」と言っているのは、解答を要求されている箇所のみにこれらの文法事項があるわけではないからです。

　10回以上出現すると言っても、33の入試単位で5年にわたって見た場合です。一番多かった〈it is ... (for/of ～) to ～〉でも92回、2番目の〈if＋S'＋V'（過去/過去完了），S would ...〉、3番目の〈it is ... that [how, if, etc.] ～〉となるとそれぞれ45回、44回と、頻度がだいぶ落ちてしまいます。高校で新規に導入することが、大学入試にはほんの少ししか出現していないことがおわかりいただけるでしょう。

表1 ● 文法項目出題ランキング（2003-2007）

順位	構文	頻度
1	it is ... (for / of ～) to ～　〈it：形式主語［目的語］〉	92
2	if＋S'＋V'（過去/過去完了），S would ...	45
3	it is ... that [how, if, etc.] ～　〈it：形式主語［目的語］〉	44
4	so ... that ～	31
5	it is ... that [who, which] ～　〈強調〉	22
6	as if [though] S'＋V'（過去/過去完了/現在）...	21
7	too ... to ～	16
8	not ... but ～	14
9	in order to [that] ...	13
10	not only ... but (also) ～	12
11	... enough to ～	12
12	both ... and ～	12
13	〈if節の代用〉，S would ...	11
14	the＋比較級, the＋比較級	10
15	so (that) ... can [will, may, could, would, might] ～	9
16	with ... / without ... / but for ... , S would ～	9
17	I wish S'＋V'（過去/過去完了）...	7

18	help＋someone＋(to) 〜	7
19	either ... or 〜	7
20	have [get]＋something＋過去分詞	6
21	the same ... as 〜	6
22	if only S＋V（過去/過去完了）...	6
23	as ... as possible [one can]	5
24	no matter how [what, when]	5
25	not ... until 〜 / It is until 〜 that ...	4
26	cannot help ... - ing	4
27	would rather ... than 〜	4
28	if it were not for ... / if it had not been for ... , S would 〜	3
29	neither ... nor 〜	3
30	such ... as 〜	3
31	much more / much less / still more / still less	3
32	such ... that 〜	2
33	so ... as to 〜	2
34	not ... because 〜	2
35	... times as 〜 as / ... times more 〜 than	1
36	in case ... (should) 〜	1
37	no more ... than 〜	1
38	no sooner ... than 〜	1
39	the last ... to 〜	1
40	cannot but ...	1
41	all the＋比較級＋(for)	1
42	such ... as to 〜	1
43	no less ... than 〜	1
44	there is no ... - ing	0
45	it is (about / high) time S'＋V'（過去）...	0
46	it is no use ... - ing	0
47	it is ... - ing	0
48	lest ... should 〜	0
49	for fear ... should 〜	0

50	get＋someone＋to 〜	0
51	it was [will not be] long before ...	0
52	scarcely [hardly] ... when [before] 〜	0
53	not so much ... as 〜	0
54	not so much as ...	0
55	none the＋比較級＋(for)	0
56	as ... as any [ever] 〜	0
57	what few [little]＋noun	0
58	what is more	0
59	so as to ...	0
60	cannot ... too 〜	0
61	not ... any more than 〜	0
62	might as well ... as 〜	0
63	A is to B what C is to D	0

『教科書だけで大学入試は突破できる』（金谷憲［編著］2009 大修館書店）

　では、もっと多く出現しているのはどんなことかと言えば、非常に基礎的なルールであることは想像に難くありません。例えば関係代名詞、肯定文、否定文のような、英語の基礎的な文法を使わずに、長文問題などを作成することは不可能だからです。そして、大修館調査ではこうした基本的事項は調査していません。

　このように考えて、今回のアルク調査では、大修館調査では扱っていない「中学英文法」（以下、中学で学習する文法知識をこのように表記します）に焦点を当て、基本的な事項を定着させることによって、大学入試にどのくらい対応できるのかについて調査することにしました。

　アルク調査と大修館調査のふたつを合わせて見ると、大学入試の実態がより鮮明に見えてくるだろうと思います。

大学入試神話の真実──出題傾向は大きく変わってきている

　英語教育界にはいろいろな「神話」があります。「学校英語は実際の国際社会では通じない」、「文法を教えるから日本人は英語ができるようにならない」など、挙げたらきりがありません。

　そのほかに、大学入試に関する神話もあります。「大学入試が高校英語教育をゆがめている」、「大学入試が変わらなければ高校英語教育は変わらない」、「大学入試問題は旧態依然として何十年も変わらない」などです。

　これらが事実なのか、ただの神話なのかを見極めるのは、英語教育の改革を実行するに当たって大変重要なことです。もし、私たちの現状認識が正しくなく、神話を事実と思い込んでいたとしたら、現実を変えていこうとする改善策が的はずれなものになってしまうからです。

　例えば、英語の大学入試問題は旧態依然として、本当に変わっていないのでしょうか。図1を見てください。

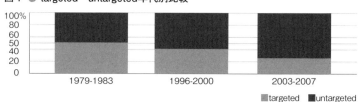

図1 ● targeted・untargeted年代別比較

『教科書だけで大学入試は突破できる』（金谷憲［編著］2009 大修館書店）

　これは、先ほど説明した2009年の大修館調査で明らかにされたデータです。グ

ラフの中でtargeted (targeted questions) と示されているのは、いわゆる単文単位などで出題される文法独立問題のことを指します。直接的に文法や語法の知識を問う問題のことで、本書では、以降もこの表現を使うことにします。これに対して、untargeted (untargeted questions) とは、直接的に文法知識を問うのではなく、長文読解などの内容理解に、文法知識が必要である問題のことです。

年代別に分けられたこのグラフを見ると、1979年〜2007年の約30年間にかけて、targetedは激減していることがわかります。いわゆる文法や語法の知識のみを問う文法独立問題は、1979年には入試問題全体の50％以上を占めていましたが、2007年には25％と半分になっています。これは1例にすぎませんが、このグラフだけを見ても大学入試問題の出題傾向は大きく変わってきています。変わらないというのは思い込みにすぎないことがおわりいただけるでしょう。

難しい文法を勉強しなければ大学は受からない？

「大学入試があるから、特殊な構文や難しい文法を教えなければならない」と思い込んでいる高校教師がよくいます。本当に難しい文法を知らなければ入試に受からないのでしょうか。

7、8年前のことですが、いわゆるクジラの構文 "A whale is no more a fish than a horse is."(*1) を文例に載せていた高校の問題集に出くわして驚きました。しかも高校基本問題集と銘打っていたので、なおのことびっくりした記憶があります。

既出の大修館調査のデータでこの構文を見てみると、2003年〜2007年の5年間、調査対象の33入試単位で出現しているのはただの1回のみです。これだけでもこの表現が基本でないことがわかります。大修館調査では長文の本文、問題の指

(*1) 〈no more A than B〉という構文のことで、日本ではその代表的な例文として、A whale is no more a fish than a horse is.（馬が魚でないのと同様、クジラは魚ではない）が使われてきたことから、「クジラの構文」と呼ばれるようになった。

示文や選択肢なども含めた出現頻度を調査しているので、もしこの構文が基本的なものであるなら、この構文の使われていない長文を探すことすらできないでしょう。しかも、データが示しているのは、この構文がどこかに1回載っていた、ということだけで、この構文について問題が出題されたかどうかはわかりません。長文には出ていたけれど、この部分については問われていない、ということも考えられます。

　数年前に私が見学したある県の公立高校の授業では、〈might as well 〜 as ...〉のみで50分の授業を行っていました。教師の解説に引き続き、練習問題などの演習が行われ、最後には、ペアワークでお互いにこの構文を使った文例をパートナーに言い合う活動まで用意されていたのです。この周到な授業計画にはそれなりの敬意を表さざるを得ませんが、〈might as well ... as 〜〉は、大修館調査では、対象大学5年間の入試問題中、1度も出題されていません。入試対策的に言うと、この授業を計画した教師と生徒たちの時間と労力はほとんど報われないことになってしまいます。

　このように、「大学入試があるから」という認識のもとに、実際の入試問題の出題傾向を反映していない「入試対策」が行われているケースは、少なくありません。究極には次のようなエピソードもあります。ある私立高校の教師の愚痴で、「うちの高校は大学附属なので全員が入試なしで大学に行けるのに、授業内容は入試を受ける高校の授業と変わりありません」というものです。

　入試対策はしなければなりませんが、それは現状を冷静に分析し、その結果をもとに考えられた、効率の良いものであるべきです。この点で、多くの高校では効率の良い対策が立てられているかが、大いに疑問です。

英語は積み重ねが大事な「漆塗り教科」

　本書の報告内容をお読みになってくださればわかるように、中学校で習う基礎的な文法が十分身についていれば、かなりの程度の大学入試にも対応できます。

　考えてみれば、それは当然のことです。なぜなら、英語という教科はいわゆる「積み重ね教科」だからです。「漆塗り教科」という言い方のほうがよいかもしれません。「漆塗り」と対比して考えられるのは、「タイル貼り」です。タイル貼り学習を先に説明したほうが漆塗り学習を理解しやすいので、そうすることにしましょう。
　タイル貼りという作業は、1枚タイルを貼ると、その1枚についてはそれで完成です。1枚ずつ完成させて次のタイルを貼っていきます。これに対して漆塗り作業は、わんを作る場合、わん全体に下塗りをして、その上に何度も上塗りをしていくことで徐々に光沢を出し、漆器として完成させます。わんの一部だけを完成させて、ほかの部分の塗りに入るという作業は、漆塗りではあり得ません。

　学校で学ばれる教科についても同じようなことが言えます。タイル貼り的に学習する教科もあれば、漆塗り的な学習をする教科もあります。例えば、小学校の理科では、ほかとは切り離して分野ごとに学ぶことが可能です。植物の成長について学んだあと、星座を学ぶこともあります。植物の話は、星座を学ぶ際に直接的関連性はありません。植物の理解が不十分でも、星座を学ぶときにさして深刻な影響はありません。また、高校の日本史では、いきなり江戸時代だけを勉強することもできます。もちろん、戦国時代や明治時代との対比において江戸時代についての理解が深まることは考えられますが、単独で学ぶことは可能です。

これに対して、英語は中学英語を飛び越していきなり高校の教科書に取り組むことはできません。中学の検定教科書を読めない人が、いきなり英字新聞やペーパーバックを読んで理解することは、不可能とまではいかないものの、極めて困難です。中学英語教科書のCDを聞いてもほとんど理解できないという生徒が、いきなりオバマ大統領の演説を聞いてもチンプンカンプンでしょう。英語は基礎の上により高度なものを少しずつ重ねていく、「漆塗り教科」だからです。

中学英語から卒業するのは高校に入学してから

　「基礎が大切であることは十分にわかっているが、中学のことは中学で身につけるべきで、高校では中学の復習などはやってはいられない」、「高校には高校で新たに導入する表現（文法）などがある」という高校教師からの意見を、よく耳にします。
　しかし、英語が漆塗り教科である以上、基礎がないところに上塗りをしていっても、立派な漆器（英語力）はできあがりません。さらに言えば、中学英文法は中学３年間で十分に身につけるべきもの、身につくはずのものである、とは思いません。中学で行っているのは基礎的な英語の導入であって、その習得は中学卒業後のことである、というのが、普通の習得過程だと思っています。

　文部科学省は2015年に中学校の全校調査（文部科学省　2015「英語教育実施状況調査」(http://www.mext.go.jp/a_menu/kokusai/gaikokugo/1358566.htm) を行い、中学校卒業時に英検３級を取得済み、もしくは受験すれば合格すると思われる生徒の割合を調べています。
　結果は34.7％でした。英検３級の出題範囲は中学校卒業程度です。その範囲で出題された問題に対して合格者は３割５分に満たない、という結果です。この結

果から言えることは、6割5分以上の中学校卒業生が、中学英語から卒業するのは高校入学以降である、ということです。もちろん、中学は中学で前述の割合を増やす努力はすべきです。また、2020年に小学校で英語が全面的に教科になることを考えると、中学卒業時での割合が上がってくることも期待されます。そうでなくては教科化する意味がありません。

仮に英語がタイル貼り教科で、大学入試に中学のことがあまり出題されていなければ、高校では、新たに導入される事項の定着を目指すのがよいでしょう。しかし、もし大学入試に中学英文法で答えられる問題が相当量あるとしたら、そのことを無視して高校で導入される内容ばかりに集中するというのは、効率の良い入試対策とは言えません。

「学んだこと」の先まで視野に入れて考える

高校で中学英語をあまり問題にしないのは、日本の教育課程が「教える」ことを中心に編まれているからです。「教えたこと」と「学んだこと」には当然ギャップがあります。英語のようなスキル教科では、「学ぶ」の先に「身について使える」が控えています。ここまでを視野に入れると、小・中・高で何をしなければならないかがわかってきます。それぞれの過程で何を「教える」かを決めるだけでは、「学ぶ」「身について使える」の2段階がまだ足りていないことになります。

では、次章から実態はどうなのかを見ていくことにしましょう。入試対策をしているだけでは、いつまでたっても使える英語にたどりつかないのか。入試対策自体は適切に行われているのか。神話へのチャレンジがはじまります。

第2章 ［座談会］
大学入試は変化している
——知識から理解の時代へ

Content

［座談会］大学入試は変化している——知識から理解の時代へ　18

[座談会] 大学入試は変化している
——知識から理解の時代へ

大学入試問題の約8割が高校レベルの文法知識を含まない（*1）——今回の調査結果で出た驚きの数値は、現状の高校英語教育が抱えるある種の問題点を浮き彫りにした、と言えます。ここでは、第3章の調査報告の前に、中心メンバーである4名がさまざまな角度から、近年の大学入試の傾向と高校英語教育とのギャップについて議論を交わします。

座談会参加者
金谷 憲（東京学芸大学名誉教授）
片山七三雄（東京理科大学教授）
吉田翔真（浅野学園浅野中・高教諭）
平野琢也（アルク教育総合研究所）

20年以上前から明らかだった中学英文法の重要性

「大学入試には中学レベルの文法が重要」という、今回の調査と同様の結果を、20年以上も前から得ていたという片山先生。その実体験と当時行った調査内容に関する話から、座談会はスタートしました。

金谷 まず、今回の「アルク英語教育実態レポート」の意義を考えてみたいと思います。

吉田 私は、大学院のときの修士論文のテーマが大学入試の研究でした。私のように関心を持って研究していた人間でも、教師になってからは日々の業務に追われて、こうした入試研究に時間を割くことは困難ですから、今回の調査プロジェクトは貴重です。中学、高校の多くの教師が似たような思いを持っておられると思いますので意義は大きいですね。

片山 私の場合も、今回の調査内容は約25年前に気づき主張した内容であり、それを新しい形にして証明

(*1) アルク調査の要点は次のとおり。試験問題に出る単語はすべて意味・用法がわかっていると仮定した場合、分析対象の大学入試全体において「1.79%の問題が高校レベルの文法知識を含まない」、「2.89%の問題が中学レベルの文法知識で解答可能である」。

今回の調査プロジェクトは貴重です

入試研究に時間を割くことは困難ですから

できたということで、意義は大きいと思っています。

金谷 片山先生、その20年以上も前に考えはじめたきっかけを話していただけますか。

片山 当時、私は中学や高校で教えていましたが、ある高校では、中学英文法が定着していないのに、授業が先へ先へと進むせいで、もがいている生徒がたくさんいました。しかもその実態に教師自身が気づいていなかったのです。具体的に、私がそれに気がついたのは、夏休みに高校3年生から相談を受けたことがきっかけでした。文系学部への進学を目指す生徒たちが、「国語、社会はなんとかなるけど、英語ができない。英語さえできれば、ある程度以上の大学には行けるのだけど……」と訴えてきたのです。ところができない理由に、「仮定法ができない」「分詞構文がわからない」など、高校での学習内容がわからないことを挙げていたのです。だから私は、それは違う、と言ったんです。

金谷 高校の学習事項の問題ではないというわけですね。

片山 そうです。おそらく問題は、それ以前の中学段階の文法をちゃんと理解していないからだと考えました。そこで私は、大学入試問題の中から中学の英文法知識でできる問題を、300問以上ピックアップしてプリントにし、「これができるまでは次へ進むな」と言ったんです。

平野 手書きの時代ですよね。プリント作成は大変だったでしょう。

片山 腱鞘炎になりそうでした（笑）。生徒たちには、これらの問題を何度かやらせて、それが95％できるようになってはじめて、高校で学んだ内容の問題をやらせました。そうしたら結果は大変目覚ましいもので、生徒たちは希望の大学に合格することができたのです。ただ、ほかの教師にその教材を見せても、「別に普通

第2章 座談会

中学英文法の重要性がもっと注目される可能性は、以前からあったことになります

の問題を並べただけじゃないか」といった反応しか返ってきませんでしたが。

金谷 そうした成果が片山先生の本になったのですね。

片山 はい。『英語頻出問題の分析と解法』（片山七三雄 1991 桐原書店）です。制作に当たっては、3年分の私立大学の入試問題から、約4000問を集めて分類しました。すると、中学の文法知識で解ける問題が1300、高校の文法知識で解ける問題は2600ありました。そこから、3回以上出題されていないものは省き、これを約3分の1に絞り込みました。

吉田 そこから見えてきたのが中学レベルの文法の重要性ですね。

片山 そうなんです。先ほども言ったとおり、この本では、入試での出題頻度を反映させて問題を抽出しました。すると、動詞の目的語に何を入れるかを問う問題では、〈look forward to -ing〉が頻繁に登場する、動詞の形が問われる問題（使役動詞などの補語の箇所）は過去分詞が頻繁に出る、などの傾向がわかったんです。一般的には、中学校での文法の知識が身についていれば、かなりの割合の大学入試問題がわかるわけです。当時はその割合が3分の1でした。それが今回の調査では89％に上昇していることになります（*2）。

金谷 片山先生、その本は売れましたか。

片山 初版では1万部以上出たと聞いていますから、かなりの実績だったと思います。その後も、数年はそこそこ売れ続けました。

金谷 ということは、かなり前のこととは言え、中学英文法の重要性がもっと注目される可能性は、以前からあったことになります。それにも関わらず、これが続かなかったのはなぜでしょう？

(*2) この89％という数値には、高校レベルの文法知識を含まない（＝中学英文法レベルの）問題79％に加え、高校レベルであっても中学英文法を応用すれば解答できる問題の10％が加わっている。詳しくは第3章、第4章を参照。

片山 教師にとっても、生徒にとっても、中学英文法は大切だということへの意識が薄いからではないでしょうか。

吉田 私の知る限りでは、「大学入試ではこういう文法事項の出題が多いからこう対応しよう」という意識は、教師にあまりないと思います。加えて、参考にできる入試分析データもこれまではあまりなかったですね。

金谷 その結果、高校での文法指導は「中学の英語・中学英文法の定着」という方向になかなか行かない。多くの高校の英語教師が、生徒たちはすでに中学で習ったからという理由で、次の項目に進もうとすることは変わっていないということですね。

中学英文法の定着は英会話やTOEIC®でも必要

中学レベルの文法が重要なのは、大学入試に関してだけでなく、英会話やTOEIC®のスコアにおいても同じ。文法をきちんと身につけることで、英会話では8割の会話が、TOEIC®スコアでは600点取得が可能になります。

金谷 今回の「(分析対象の大学入試全体で) 79%の問題が高校レベルの文法知識を含まない」、同様に「89%の問題が中学レベルの文法知識で解答可能である」という調査結果の数字についてはどう感じますか。

吉田 ある程度は予測していましたが、89%はかなり衝撃的ですね。この数字が独り歩きしないかちょっと心配なくらいです。

平野 89%という数字には2つの相反する印象を感じます。ひとつはこんなに高いのか、という驚き、もうひとつは「単語はすべてわかっていると仮定する」という条件があったので当然かもしれない、という気持

ち。大学入試での難問は、むしろ文法以外の要素によるのではないかと思えます。

吉田 89%にもなった理由には、入試で文法独立問題が減ったことがあるでしょうね。

金谷 つまり今回の調査結果からは入試問題の変容も見えるということですね。1文だけを提示して括弧内の語句を問うような文法独立問題（targeted questions）が激減し、長文の中で文法理解を試す問題や、内容の理解を問う問題（untargeted questions）が増えたということです。

片山 中学英文法の重要性は、大学入試に関してだけの話ではありません。英会話に関しても、中学レベルの文法の知識があれば7〜8割は会話ができるということも聞いたことがあります。

平野 TOEIC®でも似たことは感じます。リスニングとリーディングの2技能を測るTOEIC®のスコアが非常に高くても、スピーキング・テストをすると話せない、という人が非常に多いことがわかります。原因を探ると、「正しい語順で単語を並べる」という中学で学んだはずの基本ができていないのです。

片山 TOEIC®と言えば、ずっと以前、千葉商科大学のドイツ語教師であった太田信雄先生（*3）によるTOEIC®の学習法を見学させていただいたことがあります。中学3年分、7社もの英語教科書を集めて、その音読を繰り返す、という方法でした。発音なんかは直さず、ひたすら音読です。さらにその英文を日本語に直し、直した日本語を見て即座に英語が言えるようになるまで繰り返す。それだけなんですが、これで学習者をTOEIC®で600点に到達させてしまうんです。

ただ、課題もあるんですよ。それはあまりに単調な作業の繰り返しであること。太田先生は「この単調さ

(*3) 東京都立大学大学院人文科学研究科修士課程修了後、千葉商科大学政策情報学部で教鞭を執る。現在、同大学名誉教授（2015年）。

に耐えられさえすれば、必ず600点は超えられる」とおっしゃっていました(笑)。しかし単調な作業で、「主語→動詞→目的語(名詞)」などの語順も自然に身につけさせてしまうんです。

金谷 TOEIC®の普及に力を尽くしておられる千田潤一さん(*4)も似たようなことを主張されていましたね。TOEIC®で600点に届かなければ、まず中学の学び直しをすべきであると言っていたと思います。

「できる」ようにするための文法の定着には時間がかかる

中学英語と高校英語は連続的なもの。時間をかけて中学英文法を習得すれば、高校で新規に習う文法について説明しなくてすむことが多くなる、と片山先生は言います。

金谷 今回の調査結果からは中学レベルでの文法知識、それに語彙力があれば、大学入試でかなりの点数が取れることが明らかになったと言えます。しかし、生徒が中学英文法をただ習った、という程度では駄目で、しっかり身につけていれば、という話です。ではそのためにはどうすればよいでしょうか。

吉田 例えば、中学で学習することになっている5文型の知識を、高校入学時点で自在に使いこなせる生徒は、ほとんどいないでしょうね。できなくても高校には受かりますからね。

片山 「わかる」と「できる」は違うんですよね。

吉田 そうなんです。でも「できる」ようにするために、どうすればよいかというと、これは大変難しい。正直言って、高校時代の1〜2年間くらいは中学英文法の復習と定着に当てるくらいのことをしないと不可能かと思います。

(*4) 英語トレーニング法指導者。1948年生まれ。複数の外資系企業を経て、TOEIC®の普及を事業とする国際コミュニケーションズに勤務。現在、アイ・シー・シー代表取締役(2015年)。

第2章 今回の調査結果からは入試問題の変容も見えるということです

高校英文法のかなりの部分は説明しなくてもすむ と思っています

時間をかけてきちんと中学英文法を教えれば

片山 そもそも英語という科目では、どこまでを「定着」と呼ぶかがあいまいですよね。例えば、数学なら「微分とは何か」を理解するまでは時間がかかりますが、一度理解できれば、微分の問題を解くことはできます。けれども、英語では「現在完了とは何か」を理解させることに時間をかけていません。私は時間をかけて、きちんと中学英文法を教えれば、高校英文法のかなりの部分は説明しなくてもすむと思っています。

平野 高校で、中学より高度な文法へ入るのではなく？

片山 はい。中学で学ぶ文法と高校で学ぶ文法は、大半は連続的なものだからです。ところが今の指導では、それをあえて、ここまでは中学、ここからは高校と分けてしまい、かえってわかりにくくしているように思えるんです。例えば、

(1) Everyone knows what he wants to buy.
(2) What he wants to buy is known to everyone.
(3) What he wants to buy is this TV.

というwhatを含む3つの文を見てみましょう。今は、(1)は中学校で、(2)、(3)は高校で教えることになっていますが、これは全部一度に教えても問題ないですよ。(1)を受け身にした文が(2)で、(2)の補語の部分を入れ替えたのが(3)ですから。長文の中でこうした文章が出てきたときに、細かい分類を知らなくても、生徒は間違えずに内容を読みとれると思います。

金谷 語彙についてはどうですか。

吉田 残念ながら、現状では、生徒に単語帳を買ってもらうだけ、テスト範囲に入れるだけでおしまい、という感じになっています。授業中に語彙を定着させるための活動もすべきなのですが、現実的には時間を確保できていないことが多いのではないかと思います。

片山 語彙は地道に増やす努力をするしかないですね。

金谷 では、どうやって増やしますか。

片山 私は現在、大学で教えていますが、大学生の場合なら、自分の好きな英文をとにかくたくさん読みなさい、と言いますね。

金谷 学習指導要領的に言うと中学で学ぶのが約1200語で、2000語くらいは定着していなければなりませんね。

片山 そう思います。先ほど申し上げた太田先生の音読方式は、語彙についても優れています。7社の教科書を読みますから、2000語くらいはカバーできますし、瞬時に日本語から英語に直せるように訓練しますから。

プライド科目だからシンプルが許されない

　高校教師はいろいろな工夫を取り入れながら中学英文法の定着を図るべき――とはいえ、そこにはさまざまな壁が立ちはだかっているのも事実です。

金谷 さて、今までの話を前提に、高校で中学レベルの文法の定着がなされているかと考えると、実際はなされていないのが現実ですね。多読をさせる高校はあってもごく限られていますし、中学の内容の復習に時間を取る高校はほとんどなく、先へ先へと新しいことをしようとするのが一般的です。しかもその新しい内容は、実際にはほとんど大学入試に出題されないのにですよ。この理由はどこにあるのでしょうか。

吉田 ひとつは教材、特に副教材の影響があると思います。かなり以前に作られた教材を使うこともありますから。

金谷 ある教材をずっと使ってきたし、好評だから今年もこの教材を使いましょう、と採択しているうちに、世の中の変化に遅れていくということですね。

平野 思うに、わかりやすい教材よりも、難しいもののほうがよい、というような風潮もありませんか。

吉田 確かにそれはあるかもしれません。私立校は検定外教科書を使うことができますが、背伸びして、やや難しいものを使うことがよいとされるような風潮は否定できないですね。

金谷 しかし、それは教師側にアイデアがないことの証明でもありますね。教師は中学英文法をそのまま復習させるのではなくて、手を替え品を替え、定着させる工夫があってよいはずです。でも、昔ながらの読解指導しか想定していない教師も多いでしょう？

吉田 おそらく教師にとっては、すでに教えた内容の定着作業は、面白みがないように感じることもあると思います。難しい内容を鮮やかに説明することも私たち教師の役割ですから、その観点から言えば、つまらないと感じるのではないでしょうか。

金谷 しかし、太田先生方式のような、効果的だけれど生徒に忍耐力を要求する指導法ばかりでなく、いろいろな方法があり得ると思うんです。中学英文法の複数の内容を組み合わせて、より複雑なことができるようにするとか。しかし肝心の高校の教師からアイデアが出てこないんです。

片山 高校で、文法の復習や定着より、新しい内容へ行きたがる大きな理由は、英語が「プライド科目」だからではないかと思います。

金谷 面白い指摘ですね。どのような意味で「プライド科目」なのでしょうか。

片山 いまさら中学での内容なんかできない、というプライドがあるんですよ、教師にも生徒にも。しかも英語は理系でも文系でも必要とされます。数学ができない場合は「文系だから」、国語ができない場合は「理

系だから」、という言い訳ができますが、英語はどちらにとってもマスト科目で、言い訳ができない。だから教師はより難しいことを教えようとしがちになるのではないでしょうか。

　しかも保護者にもこのプライドがあるように思います。自身が学生だったときに英語ができなかった人などが、わが子には英語ができるようになってほしいという期待があるので、「なぜこんな簡単な内容なのか」という不満を持つわけです。教師が、必要の枠を越えた内容を教えたがるのは、こうした影響も大きいと思います。

金谷　なるほど。教師には、「誰でもわかる簡単なことなんか教えるな」というプレッシャーがかかるわけですね。

　それで思い出しましたが、聖書の現代口語訳って、あまり売れ行きが良くないんだそうです。なぜかというと、口語でわかりやすく書いてあると、ありがたみが薄れるからだそうです。昔の、わかりにくい口調の聖書のほうが、価値が高いように感じられる、ということです。

　片山先生が言うように、こういう心理も含めた「プライド問題」が、英語の指導が変わらない、基礎の定着に時間をかけないということの原因だとすると、解決はなかなか難しそうですね。中学英文法の定着を実現するためには、まずは教師の心理が変わる必要がありそうです。

平野　プライドを満たしつつ、中学英文法を定着することはできないのでしょうか。

金谷　それは可能だと思います。何度も言うように、中学の英文法であっても負荷のかけかたを変える、個々の文法は単純なものでもそれらのパーツをたくさん組

> 中学英文法の定着を実現するためには、まずは**教師の心理**が変わる必要がありそうです

み合わせるといったことで複雑な表現をすることは可能だと思います。幼児向けのブロック玩具ってあるでしょう。ブロックのパーツのひとつひとつはシンプルだけれど、巨大で複雑な形状のものを作ることができます。それと同じ。そこに教師の力量を生かせるはずです。

何が文法軽視を生み出したのか

一方で、現在の英語教育には「日本人が英語を話せないのは、文法中心の指導のせいだ」という考えから、文法軽視の傾向もあります。しかし、生徒が十分な基礎知識を身につけていないからこそ、英語が使えなくなっている可能性は高いと言います。

金谷 もうひとつ、今の文法指導において状況をややこしくしているのが、CAN-DOの推進ですね。それ自体は悪いことではないのですが、今、熱心に推奨されているCAN-DOでは、文法に関係する設定を極力、避けてとおる形にしようとしています。「過去形が使える」では駄目で、「過去の体験について説明ができる」にしなくてはいけない。「1分間で簡単な自己紹介ができる」、「電話での応対ができる」といった設定をたくさん作ることが求められているんです。そうなると、文法という面から生徒にどのような力がつくかを判断することは難しくなりますね。

吉田 過去の体験、電話での応対と言っても、内容はいろいろありますからね。

金谷 電話で話す内容ひとつとっても、季節のあいさつから人生相談に至るまで、あらゆることが考えられます。そうすると、「文法事項のAが身についたからBができる」という道筋がわからなくなるんです。

「日本人が英語を使えるようにならないのは文法中心の指導のせいだ」という考え方が広まり、文法すべてを目の敵にするようになってしまいました。しかし敵を間違えている可能性は大きい

片山 仕組みは知らなくても話せればよい、という発想ですね。つまり文法軽視です。基本的な文法をやらなければ、本来は話すこともできないはずなんですが、文法をやらずに会話をしろというわけです。

ただ、その原因を作ったのはおそらく、授業で基本的な文法を丁寧に説明することよりも、難しいものを例外とか特殊構文扱いし、これらを教えることに時間をかけ、テストでも例外を中心に出題してきたことにあると思います。それが今、反動になって文法軽視につながっているのではないでしょうか。

金谷 さっき出たプライド問題も関係するでしょうね。こんなに難しいことを教えてあげよう、という満足感を教師が得るために最も利用しやすいのが、文法だったのではないでしょうか。

ところがそのために、「日本人が英語を使えるようにならないのは文法中心の指導のせいだ」という考え方が広まり、文法すべてを目の敵にするようになってしまいました。しかし敵を間違えている可能性は大きい。同じ文法でも、教師のプライドを満たす文法でなく、生徒に必要十分な基礎文法を身につけさせていないからこそ、英語が使えなくなっている可能性が高い。そこを一度整理して考えなくてはいけませんね。

指導すべきは「模試対策」か「受験対策」か

ここ20～30年の間に、文法の知識を直接的に問う問題の減少など、大学入試には少しずつ変化が見られます。では、予備校や学校で行われる模試はどうでしょうか。模試には、入試にまれにしか出題されない問題が問われることが、少なからずあるそうです。

金谷 大学入試のための模試の影響はどうでしょうか。

模試には文法問題のセクションがあって、文法をしっかりやっておかないと、高校によっては、その部分だけができなかったということもあります。

吉田 センター試験模試はまだよいとして、いわゆる「総合模試」などは、最大公約数的に抽出するのではなく、文法独立問題や和訳問題などがそれなりの数を占めるような昔ながらのものですね。しかし波及効果は大きくて、生徒も教師も、模試で出題された問題に対して「できない問題がある」ことを非常に気にするんですよ。

金谷 他教科の教師に責められたりすることもありますね。「どうして英語科は、この部分だけできないんだ」なんてね。

片山 ですから、そういう網羅型の模試は限界を理解した上で受けることが必要です。

金谷 ただ、この20〜30年くらいを見ると、大学入試は少しずつ変わってきましたよね。模試も変わってきているんでしょうか。

吉田 自由英作文が出題されるなど、模試もそれなりに変化、改善していると思いますが、大学入試そのものの変化とはかなりタイムラグがあると思います。大手予備校の模試は、どこのものにも、文法独立問題や和訳問題があります。私立大では、実際の大学入試に和訳なんてほとんど出ませんが、模試では出しているんです。

片山 数学などと違って、こうした模試を解けることが、どういう結果（メリット）につながるかがわからないですね。

金谷 本来、模試は現実の大学入試の傾向を、忠実に反映することが大切でしょう？　それがそうでもないということですよね。これも不思議です。

模試もそれなりに変化、改善していると思いますが、大学入試そのものの変化とはかなりタイムラグがあります

吉田 東大入試の語彙はやさしいのに、東大模試の語彙は難しいという冗談のような話もあります。

金谷 平野さん、今度、アルク教育総合研究所で模試の調査をしてみるとよいかもしれませんね（笑）。

平野 予備校で教えている教師はどう考えているんでしょうか。模試もそうですが、入試突破が最優先ならば、無駄なことはやらない方向へと指導しそうなものですが。予備校ならデータを持っていると思います。

吉田 データを持っていても外部には出さないで個人のレベルに閉じ込めてしまうと思います。それに予備校の教師こそは、難しい内容を鮮やかに教えるという側面が強く出る職業です。それをできることが講師の人気を支える要素にもなっているでしょう？

平野 なるほど、確かにそうですね。

片山 それに、予備校・塾こそは指導項目の抜けが許されない部分があります。私も教えた経験がありますが、予備校・塾というところは、めったに出ない問題でも、まれに出題されると、「これは教わっていなかった」と学生や保護者からのクレームになりかねない。だから確率的には無視してよいような、ささいな事項も教えざるを得なかったりするんです。

金谷 100万分の1の確率で出たとしても、「出ないと言っていた問題が出たじゃないか」と追及されるんですね。今回の調査結果を基に、何人かの高校の教師と話してみたのですが、「この結果はどこか変」という反応がありました。「中学で学んだ内容以外の問題が出題されていた」と言うんですよ。でもそれが、いつ、どこで、どのくらい出ていたのかは意識していない。ただ、「出ていたのを見た」だけなのです。

片山 全体から見たらレアケースなのに、ですね。

吉田 頻繁に出るものは意識しませんが、まれに出る

ものは目立ちますからね。「ほら出た！」ということになる。

金谷 例えて言えば、誰かが「この間、道でクジャクが歩いているのを見た」と言うと、「日本にはクジャクが生息している」という話になってしまうようなものです。しかし今回の調査は、そういうメンタリティーとはまったく逆の発想で行ったものです。出題が何問あってそのうち何%が解答可能かを統計的に見ています。

入試の改革で、高校の英語指導は変わるか

近年多く見られる大学入試を外部試験で行う傾向。この大きな変化に対して、今後、高校での英語指導にも変化は見られるのでしょうか。また、入試改革が実行された場合に待っている未来とはどんなものか、議論はさらに深まります。

金谷 近年、大学入試を外部試験で行う動きなどがあり、「入試が変われば、英語教育は変わる」と言う人々もいますが、これについてはどうでしょうか。

片山 小・中・高と大学は分けて考えたほうがよいと思います。仮にTOEIC®を使う場合を考えると、従来のやり方で学んできた学生が、大学に入学したときの平均は400点前後でしょう（*5）。仮に、大学の合格ラインを500点くらいと考えると、ギャップとなる100点の力をつけなくてはなりませんが、これは大学生になってからでもかなり大変なこと。それを中学、高校の間にできるか、と言ったら、そんな時間的余裕はないと思います。

金谷 具体的なやり方はさておき、大学自身が試験問題を作成するやり方でなく、外部試験になるという抜本的な変革があった場合、中・高の英語教育は変わる

> 外部試験になるという抜本的な変革があった場合、中・高の英語指導も**変わらざるを得ない**でしょう

(*5)（一財）国際ビジネスコミュニケーション協会「2013DATA & ANALYSIS」によると、大学1年生のIPテストの平均スコアは423点である。

と思いますか。

吉田 変わらざるを得ないと思います。従来の大学入試はこの20～30年で変わってきたと思いますが、それは徐々にです。10年単位で見て、はじめてある程度大きな変化に見えるくらいのペース。1年ごとではわずかな変化だったと思うんです。しかし、TOEIC®、TOEFL®、TEAPなどに変えるとなると、それとは比べものにならない変化ですから、中・高の英語指導も変わらざるを得ないでしょう。外部試験導入がどのくらい普及するかにもよると思いますが。

片山 この変化への対応は大変だと思います。中・高の場合、上位校はまだしも、中位から下の学校は苦労するでしょうね。

吉田 うーん、かなり大変なことは予想されますね。

片山 多くの大学は、競合するほかの大学の様子をうかがい、受験生の反応や世間の評判を見ながら、何点に設定するかで右往左往しそうです。変わらざるを得ないけれども、私はネガティブな側面のほうが大きくなるように思えます。

金谷 例えば、それ程上位でない大学が、入試にTOEIC®を導入して、350点とか400点を設定したとしますね。そしてそういう大学を目標に置く高校があるとします。すると、高度な文法は必要ないから、基礎に力を注ぐ指導に変わる、ということはありませんか。

片山 いや、それこそ英語の「プライド科目」的側面が出てきて、TOEIC®400点なら外部には公表できないかもしれません。

平野 今はCEFRのB1レベル（*6）相当のTOEIC®スコア600点か英検2級を獲得したら、英語に関してはそれで合格にするというやり方の大学が多いようですね。外部試験を横並びにするためにスコア換算する目

(*6) ヨーロッパで作られた英語力の指標CEFR (Common European Framework of Reference for Languages) は6段階で構成されている。TOEIC®スコアとの換算の目安は160ページを参照のこと。

安は、有識者会議の資料で公開されていますが、ちょっと幅がありますね。

金谷 例えば、とにかく外部試験を受けてスコアを持ってきてもらい、外部試験で獲得したスコアをほかの科目の得点に加算する、という手もありますね。

片山 おそらく現実には、そうした、外部に公表せずにすむ形になるのではないでしょうか。高い点を公表できる上位の大学はよいけれど、そうではない大学は公表を避けようとするでしょうね。そうすると、現実とかい離したものになっていくような気がするんです。

金谷 では、外部試験の利用によって、高校の英語指導を変えようと考えている教師が、やりやすくなる可能性はあるでしょうか。

　中学英文法の復習や定着が必要だと考える教師はあちこちの高校にいますが、それが総合的な潮流にはなっていません。言い出しにくかったり、ほかの教師の賛同を得られなかったり……。しかし、大学入試が外部試験、例えばTOEIC®になったら、そうした志を持つ教師が活動しやすくなることはあり得るでしょうか。それとも状況は変わらないのでしょうか。

吉田 うーん、どうなんでしょう。難しいところですね。

片山 今の大学入試の英文を私は高く評価しています。普通の素直な文章で、複雑怪奇なものを出してはいません。今回、そうした英文が「中学レベルの文法知識で89％の問題は解答可能」ということがわかったわけです。大学入試がTOEIC®やTEAPに変わったとしても、同じ水準の英文法は必要ですから、あまり変わらないと思うんです。難易度は語彙のレベルと扱うトピックの内容に依存してくるでしょう。

　とすると、大学入試か実用英語かといった分類は意味がなくて、そもそも「中学で学ぶ英文法を身につけ

第2章

中学英文法の復習や定着が必要だと考える教師はいますが、総合的な潮流にはなっていません

ておけば、英語は読めるものである」ということが共通認識にならなくてはいけないと思います。今後、試験問題がどう変わっても英語を運用するのに必要な能力は普遍なので、今回の調査の89%というデータの価値も変わらないと思います。

吉田 それは私も同感です。そもそも「受験英語」、「実用英語」みたいな対立軸は意味がないと思います。確かに今も文法だけを独立的に問う問題はあって、これは受験英語と言えるかもしれませんが、ごくわずか。そういうタイプの問題はどんどん減り、今は長文の中での理解を試されるようになっていますから。

金谷 高校の英語指導を変えようと考える教師たちに話を戻すと、結論から言えば、状況はあまり変わらないということですね。ここでは深くふれませんが、高校の教師にとって同僚問題は非常に大きいんです。そこで、大学入試における外部試験の導入というドラスチックな変化が、同僚や学校を動かすための建前というか、論拠にできる可能性を聞いたわけですが、どうもそれもあまりないようですね。

　これは見方によっては、絶望的とも言えるんです。今の大学入試がまるっきり駄目というなら、それが変われば指導も変わるだろうという希望が生まれます。ところが駄目ではない、それどころかかなり優れたものである、ということですよね。私自身も今の入試問題は決して悪くないと思います。それにも関わらず、中・高、特に高校での指導はうまくいっていません。そこに問題の根の深さを感じます。

平野 外部から見ている立場としては、仮に2020年くらいまでに英語の大学入試が外部の4技能試験に変わろうとしていることに対し、私は期待半分、危機感半分という感じを持っています。

> 中高生に英語を使う体験をさせ、そこに文法や語彙が加わっていけば将来のイメージは変わると思います

期待は、みんなが中学レベルでの英文法がコア（核）になっていることを再確認し、そこに戻るしかない、という認識が広まることです。4技能試験に注目が集まるほど、中学で習う基本事項に関して活発な議論になり、実際の指導方法について意見が出てくるのは良いことだと思います。

吉田 危機感のほうは？

平野 片山先生がおっしゃるように文法がないがしろにされる傾向がさらに強まってしまうことです。

　文法からはちょっと離れますが、別の危機感もあります。ベネッセ教育総合研究所が全国の中高生約6000人に対して2014年に行ったアンケート（*7）があります。これによれば、英語の家庭学習でどんなことをしているかと尋ねた結果は、単語調べ、教科書の英文和訳、問題集などが主で、「書く」「話す」がありません。教室においても、書いたり、話したりといった学習は、授業時間全体の2割程度だそうです。また「将来、日本は英語をよく使う国になると思いますか」と尋ねると、9割の生徒が「なると思う」と答える一方、その将来の日本で「大人になった自分が英語を使っていると思いますか」という問いには、「使っていない」と答える生徒が5割弱もいます。

　それは、今のままの受け身の学習をしている生徒たちにとっては、英語を使っている自分のイメージが描けないからではないでしょうか。もっと英語を使う体験をさせ、そこに文法や語彙が加わっていけば将来のイメージは変わると思います。しかし、両者がうまくかみ合って機能するか、反対に文法軽視になるのか、どっちへ転ぶかは半々と思っているわけです。

金谷 ただ「10年後どうなると思いますか」「大切だと思いますか」という類いのアンケートってあまり意

(*7) ベネッセ教育総合研究所による「中高生の英語学習に関する実態調査 2014」のこと。全国の中学1年生から高校3年生まで6294名に対し、英語の学習経験、好き嫌い、学習意識、将来の英語使用などについて調査している。

味がないと私は思っています。文部科学省の調査でも、中学の3年間で上の学年になるほど英語が嫌いになっていく子の割合は増えていきますが、「大切だと思いますか」と問われれば、どの学年も8割以上が「大切だと思います」と答えますからね。

そして英語が大嫌いな人も、社会に出て、仕事の中でいや応なく必要になれば使うわけです。しかしそれで苦しんだときに、原因を学校時代に実用的なことをしなかったから、と考えるのは誤解で、実は基礎を定着させなかったからだということに気づいてほしいですね。

中学英文法は英語力に欠かせないインフラ

大学入試問題傾向の変化、文法独立問題の減少により、逆に文法の必要性が低下していると考える教師も少なくありません。この誤解を解くためにも、今回の調査結果は重要です。

金谷 中学の文法は英語を使うためのインフラとも言えます。社会の水道、電気、道路などと同じですね。ところが、どうも日本ではこのインフラに興味を持たない傾向がある。インフラの上に建てられた建物の中で、行われている催しばかりに目が行っている感じです。
平野 現場の先生方の多くは、インフラについてどう考えているんでしょうか。
金谷 誰かがやっているでしょ、と気にかけていないんです。
片山 文法独立問題は減っているという話が出ましたが、大学入試だけでなく、英検などでもそうなっています。これはなぜかと言えば、長文問題の中で、受験者の文法力を検証できるからでしょう。文法力なしに長文を読むことはできません。つまり社会のインフラ

同様、文法は目に見えないところで重要な役割を果たしているのです。しかし世間では、文法独立問題の数が減ったことだけを見て、文法は必要ない、と誤解する人が多いんですよ。

その誤解を正すためにも、この調査の数字は役に立ちます。文法独立問題が減っているのに中学英文法で解ける問題が89％にもおよぶということは、長文読解には基本的な文法の力が必須であることを証明しているからです。

金谷 希望的なことを言えば、教師のメンタリティーも多少は変化してきていて、今回の議論で出てきたプライドを捨てても中学の復習をやろうという動きが一部の高校には出てきました。こうしたことを提案しても、10年前ならほとんど相手にされませんでしたが、最近は、実行するなら具体的にどうするかを考える、という程度には変化してきたと思います。

プロの英語教師養成のために必要なシステム

高校の英語教育を変えるためには、まず教師の資質を上げることが必要です。そして、ティーチャーズ・マニュアルなどに頼らない自信をつけることも不可欠でしょう。そのためには教員養成の体制を整えることが鍵となります。

平野 ひとつの問題は、なぜ今の高校の英語教育で、特殊な構文や例文まで網羅して教えないと不安になるのか、ですね。特に教師たちがそうなのはなぜなのでしょう？

金谷 本質論になりますが、私の見るところ、それは教師に自信がないからです。自信がないから、何が重要で、何が重要でないかを判断できない。ティーチャーズ・マニュアルに書いてあるからという理由だけで教

「この部分は不要」と飛ばして教えるのは怖い、それに教師は正確なデータを持っていないということもあると思います

えようとする。自信がないから、「念のためにこれもやっておいたほうがよいですよ」「みんなもこれをやってますよ」と誰かが不安をあおると簡単に受け入れてしまう。何かを買うとき、これもつけておいたほうがよいと勧められて実際は使わないオプションをつけたり、保険契約のとき、必要もない特約をつけたりしてしまうのと似てますね。

では、なぜ自信がないのかと言えば、トレーニングされていないからです。教員養成課程では教えられていない、研修もない。新人教師は、そういう状況で次々に新しい内容を教えなければなりません。

平野 そこは文法うんぬんより、教員養成の問題ですね。

金谷 そうです。おおよそどんな仕事でも、先輩と同行したり、見習い的な期間があったりしてから独り立ちしますが、教師はいきなり「教わる立場」から「教える立場」になってしまいます。つまり、ライセンスはあってもプロではないわけです。そうやって教師になった人たちに、「自分で判断して取捨選択せよ」と言っても無理ですよね。

吉田 プロとしての判断がなぜできないか、と考えると、「この部分は不要」と飛ばして教えるのは怖いということはあります。それと先ほど申し上げたように、教師は正確なデータを持っていない、ということもあると思います。おそらく教材の作成者も、不要な部分をばっさり切り捨てたくても、「あれが入ってない」、「これも載せてほしい」と、さまざまな要望を受け、不本意ながら、細かい事項を盛り込んでしまうのかもしれません。

片山 プロということについて言えば、大学入試を気にするわりには過去の入試の英文にふれている教師が少ないと思います。実際にふれていれば、いわゆる「ク

トレーニングの体制や環境が必要なのです

プロを養成できるかどうかはシステムの問題です。

ジラの構文」なんて出題されていないことがわかります。ただ、同情すべきは教師が多忙過ぎるという日本の状況です。生活指導やら事務作業やらに追われて、肝心の、教えるための教材作成などの授業準備の時間がなくなっている。

金谷 これは、まったくそのとおりですね。日本の教師は多忙過ぎます。

片山 とはいえ、私は旺文社の「電話帳」を持ち歩いて、20分あったら1問は解くということをしてきました。今でも調べ続けています。いくら忙しくても1日に20分くらいは取れるのでは？

金谷 いやいや、片山先生は例文ウォッチャーだから特別（笑）。プロになれるかどうかをすべて個人の資質や努力に還元するのは、私は賛成しないな（笑）。やはりプロを養成できるかどうかはシステムの問題です。トレーニングの体制や環境が必要なのです。それがないから、多くの教師は教える方法をひとつしか持っていない。そこでいきなり指導方針が切り替わったら対応できないのは当然で、自分に負担のかからない方法しかしないようになります。そこは今後、なんとかしなければならないところだと思います。

第3章
英語教育実態レポート

Contents

1 大学入試問題における中学英文法の重要性調査［概要編］
  アルク教育総合研究所　42
2 大学入試問題における中学英文法の重要性調査［結果と考察編］
  吉田翔真　49

01.

大学入試問題における中学英文法の重要性調査【概要編】
アルク教育総合研究所

はじめに

　(株) アルクは1969年の創業以来、月刊誌『ENGLISH JOURNAL』、通信教育講座「1000時間ヒアリングマラソン」、書籍「キクタン」シリーズなど、さまざまな英語学習教材を開発し、近年は英語スピーキング能力測定試験 TSST (Telephone Standard Speaking Test)、「英語学習アドバイザー資格制度 (English Study Advisor's Certificate: ESAC)」を独自に開発・運用し、学習成果の検証や継続的学習支援のサービスも提供してまいりました。語学学習者に成果をもたらす有益な方法を常に追求したいという思いから、2014年にアルク教育総合研究所を立ち上げ、成果に結びつきやすい学習行動が取れるよう、教材・学習法の研究、学習者個人・企業・教育機関のニーズ調査等を随時行い、結果を公表しています (これまでの調査内容については176ページを参照)。

　2014年秋、当研究所は、金谷憲・東京学芸大学名誉教授にかじ取りをお願いし、日本における英語の大学入試問題において中学で習う文法がいかに重要かを探るプロジェクトを開始しました。プロジェクトの指揮は、片山七三雄・東京理科大学教授、吉田翔真・浅野学園浅野中学・高等学校教諭にも中心的役割を担っていただき、両氏のご助言の下、11名の現役高校教師および教員養成課程の大学・大学院に在籍の協力者に、3年分の入試問題をすべて解くという作業をお願いしました。多大なご協力を賜りましたことをあらためてお礼申し上げます。

　本章は、2014年2月に発表した調査レポートを一部再構成した上で、入試問題の実例を織り交ぜながら、より詳しい報告を試みたものです。「結果と考察編」は、吉田教諭に担当をお願いしました。また、本書内での文体の統一を図るために、調査レポートから一部表現を変更している箇所があることをお断りいたします。

　今回の調査結果が、今後の高校英語授業の改善に少しなりともお役に立てれば幸いです。

アルク教育総合研究所　平野琢也

本調査結果の要点

試験問題に出る単語はすべて意味・用法がわかっていると仮定した場合、
1 分析対象の大学入試全体において、79％の問題が高校レベルの文法知識を含まないものである。
2 分析対象の大学入試全体において、89％の問題が中学レベルの文法知識で解答可能である。

調査目的

本調査は、最近の大学英語入試問題において、中学で学習する基礎的な文法を身につけることによって、解答できるものがどのくらいあるかということを、実際の入試問題を解くことによって実証したものです。言い換えれば、高校で導入される文法事項の理解や定着がなくても、解答できる問題はどのくらいあるかという調査です。

日本の英語教育を論ずるに当たっては、以前から大学入試に対しての批判が根強く、大学入試が日本の英語教育をゆがめている、という意見がよく聞かれます。大学入試で高得点をあげるためには、まれにしか出現しない凝った表現や規則を覚えなければならず、このことが実践的な英語力の育成を阻んでいると言うのです。

しかし、基礎的な知識と入試問題との関係を調べたデータは、ほとんど存在しません。あったとしても、凝った特殊表現がどの大学に出題されたかといったもので、そうした表現が理解できないと大学入試は突破できない、という前提でなされたデータがあるのみです。

中学で習うような文法は、その後もそれ無しでは英文が作れないような基礎的な規則、表現ばかりです。そうした基礎の上に、高校で新たに導入される事項が乗っているのです。家に例えると、中学の英語は土台であり、柱であり、屋根であり、「中学英語」という基礎構造の上に、高校英語である天井、床、壁、壁紙、照明器具などが取りつけられることになります。現在、高校英語教育のもっぱらの関心事は、床の素材、壁紙、照明器具などであって、土台や柱には注意があまり向けられていません。

中学で習う基礎的な事項が中学校卒業までに定着していれば、高校での最重要

課題が新たな事項の導入、定着であってもおかしくはありません。しかし、その基礎的な事項を身につけて高校へと進学する中学生は多くはありません。文部科学省の調査によれば、中学校卒業時に英検3級を取得した、または受験すれば取得したであろう中学生は全体の3割程度であるということです。従って、高校ではあと7割の生徒が中学英語を定着できるようにすることが第一の仕事であるはずです。しかし、高校では「大学入試があるから」という口実の下に、基礎工事の状況には目をつぶり、もっぱらその先の工事を進めようとする傾向が強いのです。

果たして基礎だけでは、大学入試は突破できないのでしょうか。中学英語の定着を前提としない高校英語は大学入試に十分役立つのでしょうか。この疑問に答えを出すことが本調査の目的です。

金谷 憲

調査対象

本プロジェクトが調査対象としたのは、以下の大学・学部・年度の入試問題です。

大学・学部

〈国立（50音順）〉

大阪大学（文系4学部＋外国語学部）、九州大学、京都大学、東京工業大学、東京大学、東北大学、名古屋大学、一橋大学、北海道大学

〈私立（同）〉

青山学院大学（経営学部＋文学部）、学習院大学（経済学部＋文学部）、近畿大学、慶應義塾大学（理工学部＋文学部）、駒澤大学（全学部統一＋文学部）、上智大学（経済学部＋文学部）、中央大学（法学部＋文学部）、東洋大学（経営学部＋文学部）、福岡大学、法政大学、明治大学（全学部統一＋文学部）、立教大学（全学部日程＋文学部）、早稲田大学（理工学部＋文学部）

〈その他〉

センター試験

日本の入試問題を概観するのにふさわしいと判断した国立・私立22大学を選定しました。問題が学部共通で使用される場合はそれを、学部間で問題が分かれる場合は当該大学の受験者数が最も多い学部と、文学部（英文科）に相当する学部の、2学部の問題を分析対象としました。ただし、同じ学部でも、学科によっ

て問題が異なる場合はそれも含めました。これに(独)大学入試センターの提供する「センター試験」の「英語」の問題を加えました。実際の問題は(株)教学社の『2015年版 大学入試シリーズ』を参照しました。

）年度

　原則的に2012、2013、2014年度の3年分の問題を対象としましたが、『2015年版 大学入試シリーズ』に2013、2014年度の問題のみ掲載されている場合は、2年分にとどめています。
　試験問題3年分の「小問」の総数は4,047問でした。このうち、調査目的に合致したのは全体の95.2％に当たる3,852問でした。

）その他

　大学入試問題における中学校で習う英文法の重要性を探る、単語はすべて意味・用法がわかっていると仮定する、という条件から、以下の問題は原則的に分析対象外としました。これらに該当する問題は全体の4.8％に当たる195問でした。
・派生語問題
・発音／アクセント問題
・リスニング問題

調査方法

　実際の分析作業は、以下の3段階で行いました。
1　教員養成課程在籍中の大学生、大学院生6人が分担して問題を実際に解き、定められた作業マニュアルにそって分析結果を報告（1次分析）。
2　教員養成大学大学院で英語教育専攻課程を修了し、教職についている5人が1次分析の内容を確認（2次分析）。
3　本プロジェクトの中心である金谷、片山、吉田の3氏が全体のデータを修正・集計の上、分析（3次分析）。

）作業内容

　作業者の判断基準の統一を図るため、大学入試問題の分析担当者には次ページのような具体的な作業内容を示し、マニュアルを設けました。

1. 試験問題に出る単語はすべて意味・用法がわかっていると仮定する。
2. 「中学の文法知識」で大学入試問題がどこまで解答可能かを判断する。具体的には、指定された大学の、英語の入試問題を解き、問題別に「解ける問題」か「解けない問題」かの判断を行う。
3. 問われる内容が中学レベルかどうかの判断に迷った場合は、中学で扱うべき内容を定めた文部科学省の指導要領、または適当な教科書を参照する。

判断マニュアル

● 文法問題

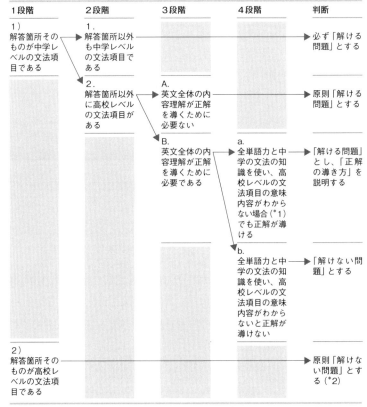

(*1)「高校レベルの文法項目の意味内容がわからない場合」とは、以下のように対応することを言う。
　　1. その文法項目を無視して訳してしまうような対応。
　　2. 中学の文法知識を誤って適応してしまう場合。例えば仮定法の箇所を直説法として訳してしまうとか、関係代名詞のwhatを「何」と訳してしまうような対応。

(*2) ただし以下の場合は、「解ける問題」として「正解の導き方」を説明する。
1. 解答箇所が高校レベルの文法項目の一部で、選択肢などの関係から、その文法項目の知識が直接的に問われているのではないと判断される場合。例えば、解答箇所が過去完了形で【had（　　　）】となっているが、選択肢がすべて動詞の過去分詞になっているような場合。
2. 文法独立問題で、消去法などで解答可能な場合。
3. 長文問題に含まれている場合で、解答箇所を含む英文以外の情報などから解答可能と判断できる場合。

● 会話問題・読解内容問題

本文中で正解を導くのに必要な英文箇所（1文とは限らず、要約問題・タイトルづけなど、広範囲の理解を必要とする場合には段落、時には英文全体）と、設問の正解が英文である場合（選択肢を含む）にはその英文の両方を判断する。

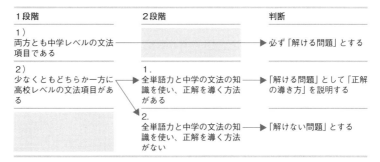

● 英作文（英語で解答する問題）

● 調査対象外の問題

1. 派生語問題
単純に「～の名詞形を書け」といった問題は調査対象外。ただし、複数の派生語があり、意味・文法的働きから適切なものを選ぶ問題は調査対象。
2. 発音・アクセント問題
単純に発音・アクセントを問う問題は調査対象外。ただし、複数の発音やアクセントの位置があり、意味・文法的働きから適切なものを選ぶ問題は調査対象。
※1、2を除外する理由は、単語はすべてわかっている前提なので、必ず正解できるからである。
3. リスニング問題
リスニング問題は音声の識別能力が関連してくること、リスニング問題を課す大学の数が多くないことを考慮し、調査対象外とする。

● 付則

どの問題形式であれ、正解が高校レベルの文法項目でも消去法で正解が導ける問題は、「解ける問題」で「正解の導き方を説明する」ものとする。

プロジェクトメンバー一覧

金谷憲・東京学芸大学名誉教授／片山七三雄・東京理科大学教授／吉田翔真・浅野学園浅野中学・高等学校教諭

―1次分析、2次分析協力者―（50音順、敬称略。括弧内は在籍・所属機関）
秋山新太郎（大妻中学高等学校）、市川夏海（東京学芸大学大学院）、上間菫（東京学芸大学大学院）、木下健太（東京女学館中学・高等学校）、後藤亮（玉川学園中等部・高等部）、小林優希（東京学芸大学大学院）、駒形知彦（埼玉県立与野高等学校）、阪田卓洋（下北沢成徳高等学校）、篠崎菜摘（東京学芸大学）、永野新弥（テンプル大学大学院）、山田雄司（東京大学大学院）

連絡・問い合わせ先

株式会社アルク アルク教育総合研究所
Email: mark@alc.co.jp

以上、「アルク 英語教育実態レポート Vol. 2 ―英語の大学入試問題における中学英文法の重要性調査―」[2015年2月発表] より、文体や表現を一部変えて掲載しました。調査結果は第2節で報告いたします。

大学入試問題における中学英文法の重要性調査 〖結果と考察編〗

吉田翔真

調査結果と考察

① センター、国立、私立の傾向

ここからは調査結果とともに、考察を示したいと思います。センター試験、および大学ごとの分析結果は、以下のようになりました。

表1 ● センター試験、国立大学、私立大学別の調査結果

大学名	①高校レベルの文法知識を含まない問題	②高校レベルの文法知識を含むが中学の知識で解ける問題	①+②	分析対象問題数
センター試験	92	6	98	124
	74%	5%	79%	
東京大学	28	18	46	81
	35%	22%	57%	
東北大学	26	9	35	47
	55%	19%	74%	
東京工業大学	23	7	30	50
	46%	14%	60%	
一橋大学	36	11	47	56
	64%	20%	84%	
九州大学	39	4	43	53
	74%	8%	81%	
大阪大学	61	8	69	84
	73%	10%	82%	
北海道大学	84	14	98	110
	76%	13%	89%	
名古屋大学	63	11	74	82
	77%	13%	90%	
京都大学	12	10	22	28
	43%	36%	79%	
国立大学合計	372	92	464	591
	63%	16%	79%	

大学	①	②	①+②	合計
早稲田大学	316	37	353	392
	81%	9%	90%	
慶應義塾大学	147	11	158	188
	78%	6%	84%	
上智大学	592	29	621	638
	93%	5%	97%	
青山学院大学	237	45	282	290
	82%	16%	97%	
学習院大学	259	7	266	313
	83%	2%	85%	
中央大学	179	24	203	246
	73%	10%	83%	
法政大学	108	20	128	144
	75%	14%	89%	
明治大学	138	12	150	160
	86%	8%	94%	
立教大学	159	42	201	223
	71%	19%	90%	
駒澤大学	151	10	161	174
	87%	6%	93%	
東洋大学	189	23	212	230
	82%	10%	92%	
近畿大学	80	7	87	101
	79%	7%	86%	
福岡大学	32	6	38	38
	84%	16%	100%	
私立大学合計	2587	273	2860	3137
	82%	9%	91%	
センター＋国立＋私立	3051	371	3422	3852
	79%	10%	89%	

図1 ● 入試グループ別の割合

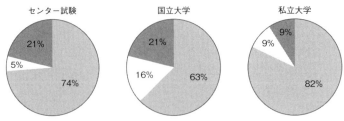

■ 高校レベルの文法知識を含まない問題（①）
□ 高校レベルの内容を含むが中学レベルの文法知識で解ける問題（②）
■ 中学レベルの文法知識だけでは解けない問題

※比率はそれぞれ、小数点以下を四捨五入したものを記載しています。

ここからは、調査結果をより詳しく説明するために、便宜的に「高校レベルの文法知識を含まない問題」と判断されたものを①、「高校レベルの文法知識を含むが中学レベルの文法知識で解ける問題」と判断されたものを②と分類して、解説していきます。

　さて、前掲の表から、下記の1〜8のことが言えます。表1、図1とともに見ていきましょう。

1　分析対象の大学入試全体において、79％の問題が高校レベルの文法知識を含まないものである（①）。

2　分析対象の大学入試全体において、89％の問題が中学レベルの文法知識で解答可能である（①+②）。

3　センター試験、国立大学、私立大学のグループ別に見ると、①の割合はセンター試験74％、国立大学63％、私立大学82％であり、私立大学の割合がやや高い。

4　①+②の割合については、センター試験79％、国立大学79％、私立大学91％であり、①と同様、私立大学の割合がやや高い。

5　②については、センター試験5％、国立大学16％、私立大学9％である。

6　大学別に見ると、①については東京大学（35％）、京都大学（43％）、東京工業大学（46％）、東北大学（55％）、一橋大学（64％）などの割合が低い。

7　一方、6で述べた大学における②の割合については、東京大学（22％）、京都大学（36％）、東京工業大学（14％）、東北大学（19％）、一橋大学（20％）であり、他大学と比べて高くなっている。

8　私立大学においては、①、①+②ともにどの大学も高く、大学間においても特筆すべき差は見られない。

2) 「高校レベルの文法知識を含まない問題」の具体例

では実際に、入試問題の実例を見ていきましょう。まず本調査で79％もの割合を占める、「①高校レベルの文法知識を含まない問題」の具体例を、以下にいくつか引用します。

例1 ● 文法独立問題

> 次の問い(問1〜10)の 8 〜 17 に入れるのに最も適当なものを、それぞれ下の①〜④のうちから一つずつ選べ。(略)
>
> 問7　We were shocked when the cashier added 14 the bill and the total was 20,000 yen.
>
> 　　① at　　　② from　　　③ off　　　④ up
>
> (2014年度 センター試験 大問2)

判断結果 ▶ **解答可能（①）**

※①、②の分類は以下のとおり。
①：高校レベルの文法知識を含まない問題
②：高校レベルの文法知識を含むが中学レベルの文法知識で解ける問題

上記の問題はadd upという熟語表現の知識を問う問題であり、問題文および選択肢の中には、「受動態」などの文法も含まれていますが、中学で学習する内容です。

もう1つ、見てみましょう。

例2 ● 派生語の知識を問う独立問題

> 次の(1)〜(5)の文の(　)内の語を最も適切な語形に書き直しなさい。ただし、語尾に"-ed"と"-ing"の付くものは不可とします。解答は解答用紙(記述式)に記入しなさい。判読が困難であったり、枠外にはみ出したりした場合は、採点されません。
>
> (1) Try to minimize (expose) to strong sunlight as much as possible during the hot summer months.
>
> (2) He looks quiet, but he has an (explode) personality.
>
> (3) Many old people in society today live in (isolate) and poverty.

（4） It is now possible to (identification) entire strands of DNA.
（5） How much of your intelligence is (genetic) determined?

(2014年度 慶應義塾大学 大問5)

判断結果 ▶ 解答可能（①）

　上記の問題文は、マニュアルの「調査対象外の問題」に該当する派生語の知識を問う問題ですが、「意味・文法的働きから適切な形を選ぶ問題」であるため、本研究の調査対象となります。各問題の解答と考え方を以下に示します。

（1） exposure　：minimizeの目的語になるため、名詞に変える。
（2） explosive　：an (explode) personalityの部分を、「冠詞＋形容詞＋名詞」という形にするため、形容詞に変える。
（3） isolation　：前置詞inの目的語になっていることに加え、povertyという名詞と等位接続詞のandで結ばれていることから、名詞に変える。
（4） identify　：「to＋動詞の原形」というto不定詞の形から、動詞に変える。
（5） genetically：be動詞と過去分詞の間にあるため、副詞に変える。

　この問題で正答を導くためには、派生語の知識に加え、「冠詞＋形容詞＋名詞」「前置詞＋名詞」「to＋動詞の原形」といった形を完成させるための文法知識などが必要ですが、（1）～（5）の英文のいずれにも高校レベルの文法知識は含まれません。従って、5問とも「①高校レベルの文法知識を含まない問題」に分類されました。
　次は長文問題です。

例3 ● 長文問題中の空所補充

Choose the most appropriate answers from the list (a～m) for the gaps (32～38) in the following conversation. Mark your answers on the separate answer sheet.

An American student is talking with a Japanese classmate after classes are over for the day.

George: You know, Naoko, I (32) how hard Japanese is. I don't think I'll ever be able to speak the language.

Naoko: I (33) the same thing when I started studying English. I'd spend hours on it one day, then have to learn it again a few days later.

George: I guess the only thing to do is (34). By the way, (35) in your outdoor sports club?

Naoko: The club (36) a trip to Mt. Morton two weeks from now. We'll (37) a campsite at the foot of the mountain on Friday after school, then climb it on Saturday. We'll have breakfast on the summit on Sunday, then come back late that night.

George: Sounds like you'll get a good workout.

Naoko: Whenever we do one of these climbs, I come back completely wiped out.

George: Then why do you participate in them?

Naoko: Because it's really enjoyable (38) and do something besides study for a couple of days. We build a campfire, cook our meals, and watch the stars. Sleeping in a tent isn't too comfortable, but it's okay.

(a) can't get over
(b) don't you go
(c) head off to
(d) is putting together
(e) make much of
(f) spend hours on
(g) stick with it
(h) take part in
(i) to get away
(j) to take away
(k) used to think
(l) wanted to know
(m) what's going on

(2014年度 早稲田大学 大問4)

判断結果 ▶ 解答可能 (①)

指示文や本文の英文に、appropriate、participateなどの高校レベルの単語が含まれていますが、空所補充を含む文の文法については高校レベルのものを含まないため、「①高校レベルの文法知識を含まない問題」に分類されます（解答を導くプロセスは省略します）。

もうひとつ紹介しましょう。

例4 ● 長文問題における設問

次の英文を読んで，設問に答えなさい。

　We often hear about the need to find alternative energy sources in order to protect our planet from the harmful effects of climate change. Wind, wave and solar energy are all possible sources, but most of the electricity produced from non-fossil fuel sources comes from nuclear power. Nuclear energy may be 'clean', that is, it does not produce as much carbon dioxide or other greenhouse gases as fossil fuel energy plants, but it is not a permanent energy solution. Like coal and oil, the amount of uranium on earth is limited, and nuclear energy may only be a viable source of energy for the next 100 years. The effects of nuclear energy production, however, are more long-lasting, and potentially more problematic, than any damage that has resulted or could result from fossil fuel-induced climate change: even though building design and technology have improved, nuclear power plants are still susceptible to accidents that can damage whole regions, even countries; they also produce waste that remains harmful to the biosphere for centuries.

　In its 57-year history, the nuclear energy industry has so far generated a minimum of 300,000 tons of high-level nuclear waste. In order to be safe, this waste must be kept away from living creatures for at least 100,000 years. How do we dispose of this material safely? An example from Finland demonstrates some of the problems we face. The Finnish government is currently building a deep geological repository, a 5km-long tunnel that winds its way down 400m into the bedrock to a network of storage vaults. The location is called 'Onkalo'. It will be ready to store waste in 2020, and then sealed in 2120. The Finnish government intends that Onkalo will remain closed for 100,000 years.

　That's a difficult prospect for architects. How do you design something that's meant to last for such a long time? In 100,000 years, there will be little or no trace of our present civilization. Some of the oldest buildings on earth, the Egyptian pyramids, have been around only for about 3,000 years. Onkalo presents a difficult conceptual problem for humans: anatomically modern humans have been in existence for around 200,000 years, but think how different the first humans would have been. How would you communicate with them? How could you make them understand the world in which you live? What will humans be like in 100,000 years?

Since the material to be stored is so dangerous, the designers of Onkalo — and all nuclear nations that must build these structures, at great expense — have to think about these issues. How can we prevent humans from trying to excavate the site in the future, causing massive damage to their species and their environment? The designers could leave a warning sign, something like 'This is a very dangerous place. Stay away. Do not try to enter.' But how can we communicate with humans so far in the future? Which language would we use? English? Chinese? It's probable that neither of these languages will exist in the year 102012. Language itself might have become obsolete by that time. How about using a picture? If so, what would it be?

Alternatively, should we not leave any markers about the site's dangers, and simply hope that Onkalo remains undiscovered? We must consider whether leaving a marker, even a warning, would make humans less or more curious to find out what's there. We can think about the pyramids again. It's clear that these were designed as burial structures, houses for the dead. They were not intended to be opened and explored, but humans did so anyway. But even after around 200 years of excavation, our knowledge of the pyramids' purpose is still incomplete, as is our understanding of the Egyptian hieroglyphic system of writing. Humans are by nature inquisitive: if we see something we don't understand, we have a need to find out, even if our investigations are damaging towards ourselves and the environment. But the destruction that could result if Onkalo were excavated in the future is much more extreme than simply rejecting the wishes of the dead or disrespecting their beliefs. In fact, if we don't think of the right ways to manage the problem, there may not be any humans in the future to judge whether what we did was right or wrong.

問1　下線部(1)は何に対するalternativeを指していますか。文中から英語2語からなるフレーズを抜き出して答えなさい。

問2　原子力発電の問題点を第一段落から3つ抜き出し，簡潔な日本語で述べなさい。

問3　下線部(2)は具体的にどのような内容を指しているのか，以下の英文を完成させて答えなさい。

　　　Humans ＿＿＿＿＿＿＿＿＿＿＿＿＿＿＿＿＿＿＿＿＿＿＿．

問4　下線部(ア)と(イ)の英単語を置き換えるのに適切と考えられる別の英単語をそれぞれの選択肢(A)〜(D)の中から1つずつ選び，記号で答えなさい。

(ア) obsolete：

　　(A) disused　(B) diversified　(C) standardized　(D) visualized

(イ) inquisitive：

　　(A) cautious　(B) curious　(C) destructive　(D) diligent

問5　下線部(3)を日本語に訳しなさい。

問6　この文章のタイトルとしてふさわしいものを次の(A)〜(F)の中から2つ選び，記号で答えなさい。

　　(A) How We Can Prevent a Nuclear Plant Accident

　　(B) Learning from a Finnish Failure

　　(C) Managing the Nuclear Legacy

　　(D) Prospects of Post-Nuclear Energy Sources

　　(E) Will Nuclear Waste Outlive Us?

　　(F) The World in the Year 102012

(2012年度 北海道大学 大問2)

判断結果　▶　問4（ア）：解答可能（②）
　　　　　　　問5：解答できない
　　　　　　　そのほかの問：解答可能（①）

　この例では，問1、問2、問3、問4の（イ）、問6が「①高校レベルの文法知識を含まない問題」に分類されます。次に解答のプロセスを示しておきます。

問1： 第2文にWind, wave and solar energyといった、alternative energy sourcesの具体例が述べられています。これらが、「何に対する」alternativeかを探していくと、coal and oilなどを具体例とする、fossil fuelという語句を見つけることができ、これが解答となります。解答を導くために高校レベルの文法知識を含む英文を参照する必要がありませんので、①と判断されています。

問2： 第1段落途中にある、but it (＝nuclear energy) is not a permanent energy solution.という部分から、この先の部分に原子力発電の問題点が述べられていることが予想されます。この次の英文 (Like coal and oilからはじまる英文) 以降の部分をまとめることで、問2の解答が完成します。

問3： 下線部のdid soの指示内容を探すと、前文のopened and exploredであることがわかり、これらの目的語であるthe pyramidsもその前の部分に見つけることができます。

問4： (イ)直後のコロン (：) 以下に下線部を含む英文の補足説明があり、この部分から下線部 (イ) inquisitiveの意味を推測することができます。

問6： 選択肢に高校レベルの文法は含まれておらず、解答するために高校レベルの文法知識を含む英文を参照する必要がありません。

　問4の (ア) については、下線部の直前に「助動詞＋完了形」という高校レベルの文法知識を含んでいますが、「助動詞」と「完了形」はそれぞれ中学レベルの文法事項であり、知識の組み合わせにより解答が可能であると判断されています。また、下線部を含む文の前文も、大きなヒントになります。この英文も〈It ～ that ...〉という高校レベルの文法知識を含みますが、probableとneither of these languages will exist in the year 102012.という部分から、「これらの言語 (英語と中国語) の両方が102012年には存在しなくなるだろう」という内容をつかみ、obsoleteが (A) disusedに置き換え可能であると推測することも可能です。

　いずれにせよ、この設問は分析結果で示されたように「②高校レベル文法知識を含むが中学の知識で解ける問題」と言えるでしょう。

　問5は、下線部中に「仮定法」を含む和訳問題です。仮定法が問5のポイントとなっていると思われることから、中学の文法知識では解けないと判断されました。

3）私立大学の問題傾向

次に、試験のタイプ別の傾向です。前述したとおり、センター試験、国立大学、私立大学のグループ別に見ると、「①高校レベルの文法知識を含まない問題」の割合は、私立大学の入試問題においてやや高い傾向にあります。

例5 ● 私立大学における長文問題の一例

次の英文を読んで、あとの問1～問10に答えなさい。

The United States is a multi-lingual nation inhabited by millions of people who speak more than one language. （ ア ） English is the country's dominant language, it is not the first language of many native-born citizens. And, of course, numerous immigrants continue to use their original language in most social interactions. No federal legislation specifically grants official status to English, but a complex web of customs, institutions and programs has long encouraged almost exclusive reliance upon English in public life. This was not always the case. From the late-eighteenth through the mid-nineteenth centuries, political leaders and prominent citizens contended that all Americans should be encouraged to learn English but not be prevented from maintaining （ ウ ） other languages they spoke. These leaders understood that different languages express different thoughts and cultural orientations, and thus they believed that linguistic diversity （ エ ） the development and exchange of ideas. In this period, some states promoted languages other than English by publishing laws in additional codes, for example, German in Pennsylvania and French in Louisiana. Furthermore, some laws affecting Native Americans were printed in their own languages in the nineteenth century.

Change in attitudes toward multilingualism came in the latter half of the nineteenth century. Policies promoting or protecting other languages were repealed. Educators and public figures stressed the necessity for all to learn "correct," standard English. Many states made laws requiring sole use of English in schools and imposed fines on teachers who spoke other languages in the classroom. Children were often punished for speaking non-English mother tongues. The U.S. Supreme Court*, however, decided in 1923 that minority communities have a constitutional right to speak their own languages in private, but not public, schools if they so wish. Because most people attend public schools, they are (ク) to public restrictions on the use of their native language. Standardization of code was increasingly stressed. Textbooks emphasized the co-occurrence of "good talk" with good behavior, a moral character, and an industrious nature. The way of dealing with newly arrived immigrants and their differences was to educate them to use "good American speech" and motivate them to conform in the Americanizing process. This trend was strengthened in the twentieth century, especially during World War I and World War II when speakers of some foreign languages were suspected of being enemies.

　Despite social pressures and the prominent image of English as the code of U.S. residents, the reality of linguistic diversity continues. According to statistics collected by the government in the census* of 2000, 47.0 million people (18 percent of the total population age 5 and over) reported non-English mother tongues. This figure represents a steady increase since 1980 and 1990 when 23.1 million and 31.8 million residents (11 percent and 14 percent of the population) were native speakers of a language other than English. The census reported that some 380 languages were spoken in homes in the United States, including 120 Native American languages.

*the U.S. Supreme Court　アメリカ合衆国最高裁判所
*census　国勢調査

問1　文中の（　ア　）に入る最も適切な語を(a)〜(d)から1つ選び、その記号をマークしなさい。

　　(a) Although　　(b) Since　　(c) Unless　　(d) When

問2　下線部(イ)のThisがあらわしている意味として最も適切なものを(a)〜(d)から1つ選び、その記号をマークしなさい。

　　(a) アメリカ政府が英語を公用語と定めていること
　　(b) アメリカでは英語以外の言語が多く話されていること

(c) アメリカに住む人の多くが英語を母語としないこと
(d) アメリカでは公的な場においてほぼ英語だけが使用されていること

問3　文中の(ウ)に入る最も適切な語を(a)～(d)から1つ選び，その記号をマークしなさい。
　　(a) how　　(b) however　　(c) what　　(d) whatever

問4　文中の(エ)に入る最も適切な語を(a)～(d)から1つ選び，その記号をマークしなさい。
　　(a) damaged　　(b) repaired　　(c) strengthened　　(d) weakened

問5　下線部(オ)のwere repealedの意味として最も適切なものを(a)～(d)から1つ選び，その記号をマークしなさい。
　　(a) 計画された　(b) 承認された　(c) 廃止された　(d) 要求された

問6　下線部(カ)と同じ意味でfigureが使用されているものを(a)～(d)から1つ選び，その記号をマークしなさい。
　　(a) It would be helpful if we had a true figure for how many children in this country are waiting to enter nursery schools.
　　(b) Portraits of historical figures who have made important contributions to culture and art should be exhibited in the National Museum.
　　(c) She waited, standing on the bridge, until his figure vanished against the grey backdrop of the palace.
　　(d) The book utilizes tables and figures effectively to illustrate the main concepts of each chapter.

問7　下線部(キ)と同じ用法でsoが使用されているものを(a)～(d)から1つ選び，その記号をマークしなさい。
　　(a) It's more expensive to travel on Friday, so I'll leave on Thursday.
　　(b) Louise can dance beautifully, and so can her sister.

(c) She was so nervous that she couldn't eat anything before the interview.
(d) She's going to be the next president. Everybody says so.

問8　文中の（　ク　）に入る最も適切な語を(a)～(d)から1つ選び，その記号をマークしなさい。
　　(a) accepted　　(b) apt　　(c) belong　　(d) subject

問9　下線部(ケ)のThis trendがあらわすものとして最も適切なものを(a)～(d)から1つ選び，その記号をマークしなさい。
　　(a) 英語以上に行儀や道徳を教育する傾向
　　(b) 英語を母語としない子どもたちに英語を強要する傾向
　　(c) 英語を母語とする子どもたちに外国語学習を奨励する傾向
　　(d) 英語を公的な場以外では強要しない傾向

問10　下線部(コ)の調査から分かることとして正しいものを(a)～(d)から1つ選び，その記号をマークしなさい。
　　(a) アメリカ合衆国にはかつて120の先住民族の言語が存在していた。
　　(b) アメリカ合衆国住民のうち，4,700万人が英語を話すことができない。
　　(c) アメリカ合衆国で英語を母語としない人の数が1980年の倍以上に増えている。
　　(d) アメリカ合衆国では英語を含め，380もの言語が公的な場で使用されている。

(2013年度 中央大学 大問8)

判断結果 ▶ 問1、2、4～10：解答可能（①）
　　　　　　　問3：解答できない

　この長文問題においては，問3を除くすべての設問が，「①高校レベルの文法知識を含まない問題」に分類されています。設問数が多いため，一部の設問に関してのみ，解答を導くプロセスを確認します。

問1：English is the country's dominant languageという節と、it is not the first language of many native-born citizensという節との意味的なつながりを考えれば、適切な接続詞(a) Althoughを補うことができます。

問2：Thisの指示内容は直前であることが多い、という原則に従い、前文のbut以下の意味を考えれば(d)を選ぶことができるでしょう。

問6：Educators and public figures stressed ...という部分から、figuresが等位接続詞andでeducatorsという語（-orや-erなどと同様、人を表す接尾辞であることから「教育者」という意味が推測できる）と並列されている点や、stressedという動詞の意味などを手掛かりにすると、figureが「人」を表す語であることがわかります。選択肢(b)Portraits of historical figures who have made ...に含まれるfiguresも、直後に関係代名詞whoがあることから「人」の意味であることがわかります。よって、両者が同じ意味であると推測することが可能です。

問9：問2と同じくthis (trend)の指示内容を問う設問であり、同じような考え方で直前の部分の意味がわかれば、正答(b)を選ぶことができます。

問10：下線部以降の部分に具体的内容が述べられていますので、この部分に合う選択肢(c)を選ぶことになります。「抽象→具体」という英文の段落構造の原則に気づけば、なお解きやすくなる設問と言えるでしょう。

　51ページの結果の8で述べたとおり、私立大学の入試問題においては、「①高校レベルの文法知識を含まない問題」の割合が高くなっており、大学間では特筆すべき差は見られません。すなわち、ここで挙げた例5の入試問題における傾向は、私立大学の入試問題における傾向として、ある程度一般化することができるのではないでしょうか。

4）センター試験の問題傾向

　センター試験の問題においては、私立大学の問題と比べると、「①高校レベルの文法知識を含まない問題」の割合がやや低くなっています。この結果については、次のような文法独立問題の影響が考えられます。

例6 ● 高校レベルの文法知識を含む文法独立問題

> **A** 次の問い(問1〜10)の ８ 〜 １７ に入れるのに最も適当なものを，それぞれ下の①〜④のうちから一つずつ選べ。(略)
>
> 問1　When I looked out of the window last night, I saw a cat ８ into my neighbor's yard.
>
> 　　① is sneaked　　② sneaking　　③ sneaks　　④ to sneak
>
> 問2　Ever since they first met at the sports festival, Pat and Pam ９ each other.
>
> 　　① are emailing　　② emailed　　③ have been emailing　　④ will email
>
> 問3　My mother asked me １０ we should go out for lunch or eat at home.
>
> 　　① that　　② what　　③ whether　　④ which
>
> 問4　My wife wanted to have our son １１ dinner for us, but I ordered a pizza instead.
>
> 　　① cook　　② cooked　　③ cooks　　④ to cook
>
> (2014年度 センター試験 大問2)

判断結果 ▶ 解答できない

　問1〜問4については、それぞれ、「原形不定詞(知覚)」「現在完了進行形」「SVOO (what節など)」「原形不定詞(使役)」が含まれるため、高校レベルの文法知識を含む問題として扱われています。

　センター試験では毎年このような「文法独立問題」が一定数出題されています。文法独立問題は、文法や語法の知識を直接的に問う問題であるため、必然的に高校レベルの文法知識を含む割合が増える、すなわち「①高校レベルの文法知識を含まない問題」の割合が減ることになります。

　また、センター試験は、「②高校レベルの文法知識を含むが中学の知識で解ける問題」の割合も、ほかのグループ(国立大学16%、私立大学9%)と比べて5%と低くなっていますが、これも、知識をダイレクトに問う文法独立問題が一定数存在することが影響している、と思われます。

5) 国立大学の問題傾向　その1

　次に、国立大学を見ていきます。国立大学の入試問題における、「①高校レベルの文法知識を含まない問題」の割合は、63％となっています。この数値は私立大学の82％と比べて19％も低く、センター試験の74％と比べても11％ほど低くなっています。国立大学の入試問題において①の割合が低いという結果については、次のような和訳問題の影響が考えられます。

例7 ● 高校レベルの文法知識を含む和訳問題

> 次の英文を読み，下記の設問に答えよ。
> (*の付いた単語は注を参照すること)
> 　　　　　　　　　　　(略)
>
> 　I've always been a bit puzzled as to why I sometimes get my most creative work done while sitting in a crowded, bustling café. 【I'm, it, not, one, only, out, the, turns】 — and the effect is not entirely the result of the sudden charge of caffeine. Ravi Mehta, a business administration professor at the University of Illinois at Urbana-Champaign, and two colleagues set (ア) to explore the effect of moderate *ambient noise on creative problem solving. In a series of experiments, the researchers found that a certain level of noise actually made it easier for experimental subjects to come up with clever new ideas. As the researchers put it, "For individuals looking for creative solutions to daily problems, such as planning a dinner menu based (イ) limited supplies or generating interesting research topics to study, our research shows that instead of burying oneself in a quiet room trying to figure out a solution, walking out of one's comfort zone and getting into a relatively noisy environment (such as a café) may trigger the brain to think abstractly, and thus generate creative ideas."
>
> 　　　　　　　　　　　(略)
>
> 設問5　下線部(3)を日本語に訳せ。
>
> 　　　　　　　　　　　(2013年度 名古屋大学 大問2)

判断結果 ▶ 設問5：解答できない

　この和訳問題に関しては、下線部に「形式目的語のit」を含むため、高校レベルの文法知識を含む問題とされています。加えて、形式目的語itという高校レベルの文法知識がなければ「解けない」問題とも判断されています。

　センター試験における文法独立問題と同様、ほとんどの国立大学の入試問題には和訳問題が含まれています。特に、51ページの結果の6において「①高校レベルの文法知識を含まない問題」の割合が低い大学として挙げられた、東京大学（35%）、京都大学（43%）、東京工業大学（46%）、東北大学（55%）などでは、和訳問題の出題数が多くなっていることからも、和訳問題の影響が大きいと考えられます（東京大学の割合が特に低くなっていることには、別の要因も関連していると思われますが、これについては後述します）。

　和訳問題には、「(A) 文法・構文・語彙などのポイントを含むやや複雑な文構造の英文を訳させるタイプ」や「(B) 文構造は単純なものの、前後の文脈から適切な意味を考えて訳させるタイプ」などがあります。今回対象とした入試問題には前者(A)のタイプが多く、和訳の対象となる英文の中に、高校レベルの文法・構文を含むものが多かったことが要因となり、「高校レベルの文法知識を含む割合が高い」、すなわち「高校レベルの文法知識を含まない問題（①）の割合が低い」という結果になったことが想定されます。

　さて、先に述べたとおり、「①高校レベルの文法知識を含まない問題」の割合は、国立大学では東京大学の数値が、特に低くなっています（35%）。これは、東京大学の入試問題に和訳問題の数が多いことに加え、センター試験における文法独立問題のように、文法・語法の知識をダイレクトに問う問題が大問単位で出題されることが原因である、と考えられます。

　では東京大学の問題をふたつ見ていきましょう。

例8 ● 東京大学における文法・語法問題

　(A) 次の下線部（1）〜（5）には，文法上あるいは文脈上，取り除かなければならない語が一語ずつある。解答用紙の所定欄に，該当する語とその直後の一語，合わせて二語をその順に記せ。文の最後の語を取り除かなけれ

ばならない場合は，該当する語と×（バツ）を記せ。カンマやピリオドは語に含めない。

　(1)Of all the institutions that have come down to us from the past none is in the present day so damaged and unstable as the family has.　(2)Affection of parents for children and of children for parents is capable of being one of the greatest sources of happiness, but in fact at the present day the relations of parents and children are that, in nine cases out of ten, a source of unhappiness to both parties.　(3)This failure of the family to provide the fundamental satisfaction for which in principle it is capable of yielding is one of the most deeply rooted causes of the discontent which is widespread in our age.

　For my own part, speaking personally, I have found the happiness of parenthood greater than any other that I have experienced.　(4)I believe that when circumstances lead men or women to go without this happiness, a very deep need for remains unfulfilled, and that this produces dissatisfaction and anxiety the cause of which may remain quite unknown.

　It is true that some parents feel little or no parental affection, and it is also true that some parents are capable of feeling an affection for children not their own almost as strong as that which they feel for their own.　(5)Nevertheless, the broad fact remains that parental affection is a special kind of feeling which the normal human being experiences towards his or her own children but not towards any of other human being.

（2014年度 東京大学 大問4）

判断結果 ▶　（3），（4）：解答できない
　　　　　　（1），（2），（5）：解答可能（①）

　東大のこの大問4においては，（3）が下線部にfor which という「前置詞＋関係代名詞」を含んでいること，（4）がof whichという「前置詞＋関係代名詞」に加え，remain quite unknownという「SVC（分詞）」の形を含んでいることから，高校レベルの文法知識が含まれる問題とされています。特に（3）に関しては，まさにfor whichのforが取り除かなければならない語であり，この文法知識の有無が解答を導くポイントとなっています。

前述のような問題は、前後の文脈を踏まえて解答する、という点が文法独立問題とは異なるものの、実質的には文法・語法の知識をダイレクトに問う形式（targeted）であるため、下線部に高校レベルの文法知識を含む割合が必然的に高くなります。

例9 ● 東京大学における和訳問題

> (B) 次の英文は、ある作家が小説家Kazuo Ishiguro（＝Ish）にインタビューしたあとで書いた文章の一部である。下線部（1），（2），（3）を和訳せよ。ただし，下線部（2）については，itが何を指すか明らかにすること。
>
> （略）
>
> One of the few regrets of my life is that I have no formal grounding in music. I never had a musical education or came from the sort of 'musical home' that would have made this possible or probable, and always rather readily assumed that music was what those other, 'musical' people did. <u>I've never felt, on the other hand, though a great many people who didn't grow up reading books have perhaps felt it, that writing is what those other, 'writerly' people do.</u>(2)
>
> This contrast between writing and music is strange, however, since I increasingly feel that a lot of my instincts about writing are in fact musical, and I don't think that writing and music are fundamentally so far apart. The basic elements of narrative — timing, pacing, flow, tension and release, repetition of themes — are musical ones too. And <u>where would writing be without rhythm</u>(3), the large rhythms that shape a story, or the small ones that shape a paragraph?
>
> (2012年度 東京大学 大問4)

判断結果 ▶ 解答できない

　下線部（2）には「関係代名詞what」、下線部（3）には「仮定法」が含まれるため、これらの和訳問題についても、高校レベルの文法知識を含む問題と分類されています。

　国立大学では、長文問題の設問の中で和訳問題を出題する大学が多いのですが、東京大学や京都大学などでは、和訳問題が大問単位で出題されるという特徴があ

り、このことから高校レベルの文法知識を含む問題の割合が、国立大学の中でも特に高くなっていると思われます。

6) 国立大学の問題傾向　その2

　国立大学の入試問題におけるもうひとつの特徴は、「②高校レベルの文法知識を含むが中学レベルの文法知識で解ける問題」の割合が高いことです（国立大学16％、センター試験5％、私立大学9％）。原因はふたつ考えられます。

①高校レベルの文法が含まれていても解答可能な和訳問題

　ひとつ目は、和訳問題の対象となる下線部に高校レベルの文法知識を含むが、意味を理解して和訳する上では必ずしも必要でない問題があることです。

例10 ● 高校レベルの文法知識であるが、意味を理解して和訳する上では必ずしも必要でない和訳問題

> 次の英文を読んで，以下の設問に答えなさい。
>
> （略）
>
> Instead, Mischel discovered something interesting when he studied the tiny percentage of kids who could successfully wait for the second treat. Without exception, these "high delayers" all relied on the same mental strategy: <u>These kids found a way to keep themselves from thinking about the treat, directing their gaze away from the yummy marshmallow.</u>[2] Some covered their eyes or played hide-and-seek underneath the desks. Others sang songs from *Sesame Street*, or repeatedly tied their shoelaces, or pretended to take a nap. Their desire wasn't defeated, it was merely forgotten.
>
> （略）
>
> 設問（4）　本文中の下線部［2］の英文の意味を日本語で表しなさい。
>
> （2013年度 大阪大学 大問2）

判断結果 ▶ 設問（4）：解答可能（②）

　例えば、問題の下線部には「分詞構文」が含まれます。分詞構文は高校レベルの文法ですが、この和訳問題については、前文との意味のつながりを考えれば、

分詞構文について知らなくても訳を導けることから、中学レベルの文法知識で解けると判断されています。仮に、分詞構文の知識が「文法独立問題」などでダイレクトに問われれば、中学の知識では解けない問題とされるものが多くなるでしょう。

ほかの高校レベルの文法事項についても、和訳問題で出題されることにより、「②高校レベルの文法知識を含むが中学レベルの文法知識で解ける問題」と見なされている例がいくつもあります。すなわち、②の割合が高いという国立大学の入試問題における特徴に関しても、和訳問題の出題が多いことに起因していると言えます。

②下線部説明問題・要約問題

ふたつ目の原因は、国立大学の入試問題においてよく見られる、下線部説明問題や要約問題などの存在です。

例11 ● 下線部説明問題

次の英文を読み、下の問いに答えなさい。

Why does *anything* happen? That's a complicated question to answer, but it is a more sensible question than "Why do bad things happen?" This is because there is no reason to single out bad things for special attention unless bad things happen more often than we would expect them to, by chance; or unless we think there should be a kind of natural justice, which would mean that bad things should only happen to bad people.

Do bad things happen more often than we ought to expect by chance alone? If so, then we really do have something to explain. You may have heard people refer jokingly to "Sod's Law." This states: "If you drop a piece of toast and marmalade on the floor, it always lands marmalade side down." Or, more generally: "If a thing can go wrong, it (A)." People often joke about this, but at times you get the feeling they think it is more than a joke. They really do seem to believe the world is out to hurt them.

(1) Recently, a film crew with whom I was working chose a location where we felt sure there should be a minimum of noise, a huge empty field. We arrived early in the morning to make doubly sure of peace and quiet — only to discover, when we arrived, a lone Scotsman practicing the bagpipes. "Sod's
(2)

Law!" we all shouted. The truth, of course, is that there is noise going on most of the time, but we only *notice* it when it is an irritation, as when it interferes with filming. There is a bias in our likelihood of noticing annoyance, and this makes us think the world is trying to annoy us deliberately.

In the case of the toast, it wouldn't be surprising to find that it really does fall marmalade side down more often than not, because tables are not very high, the toast starts marmalade side up, and there is usually time for one half-rotation before it hits the ground. But the toast example is just a colorful way to express the gloomy idea that "if a thing can go wrong, it (A)." Perhaps this would be a better example of Sod's Law: "When you toss a coin, the more strongly you want heads, the more likely it is to come up (B)." That, at least, is the pessimistic view. There are optimists who think that the more you want heads, the more likely the coin is to come up (C). Perhaps we could call that "Pollyanna's Law" — the optimistic belief that things usually turn out for the good.

When you put it like that, you can quickly see that Sod's Law and Pollyanna's Law are both nonsense. Coins, and slices of toast, have no way of knowing the strength of your desires, and no desire of their own to frustrate them — or fulfill them. Also, what is a bad thing for one person may frustrate a good thing for another. There is no special reason to ask, "Why do bad things happen?" Or, for that matter, "Why do good things happen?" The real question underlying both is the more general question: "Why does *anything* happen?" So, we have seen that bad things, (D) good things, don't happen any more often than they ought to by chance. The universe has no mind, no feelings and no personality, so it doesn't do things in order to either hurt or please you. Bad things happen because things happen. Whether they are bad or good from our point of view doesn't influence how likely it is that they will happen. Some people find it hard to accept this. They'd prefer to think that sinners get their punishment, that virtue is rewarded. Unfortunately the universe doesn't care what people prefer.

3 下線部(3)について，なぜそのように問うべきではないのか，80字以内の日本語(句読点も含む)で説明しなさい。

(2013年度 一橋大学 大問1)

判断結果 ▶ 3：解答可能（②）

一例として、解答例を示しておきます。

「良いことも悪いことも物事は偶発的に起きた以上には起こらない。万物に意思や感情はなく、主観的な善しあしは、これから起こる可能性に影響を与えないから。」

(解答例はアルクが独自に作成)

下線部(3)の直前の文に含まれる「関係代名詞what」をはじめ、下線部を含む段落には、高校レベルとされる文法がいくつか含まれています。しかし、たとえそれらの知識がなかったとしても、高校レベルの文法事項が含まれていない英文や、段落中で述べられているさまざまな具体例などから、解答を導くことが可能であると判断されています。

例12 ● 要約問題

(A) 次の英文の内容を，70〜80字の日本語に要約せよ。句読点も字数に含める。

The silk that spiders use to build their webs, trap their prey, and hang from the ceiling is one of the strongest materials known. But it turns out it's not just the material's exceptional strength that makes spiderwebs so durable.

Markus Buehler, an associate professor of civil and environmental engineering, previously analyzed the complex structure of spider silk, which gains strength from different kinds of molecular interactions at different scales. He now says a key property of the material that helps make webs strong is the way it can soften at first when pulled and then stiffen again as the force increases. Its tendency to soften under stress was previously considered a weakness.

Buehler and his team analyzed how materials with different properties, arranged in the same web pattern, respond to localized stresses. They found that materials with simpler responses perform much less effectively.

　Damage to spiderwebs tends to be localized, affecting just a few threads — the place where a bug got caught and struggled around, for example. This localized damage can be repaired easily or just left alone if the web continues to function adequately. "Even if it has a lot of defects, the web still functions mechanically virtually the same way," Buehler says.

　To test the findings, he and his team literally went into the field, pushing and pulling at spiderwebs. In all cases, damage was limited to the immediate area they disturbed.

　This suggests that there could be important advantages to materials whose responses are complex. The principle of permitting localized damage so that an overall structure can survive, Buehler says, could end up guiding structural engineers. For example, earthquake-resistant buildings might bend up to a point, but if the shaking continued or intensified, specific structural elements could break first to contain the damage.

　That principle might also be used in the design of networked systems: a computer experiencing a virus attack could shut down instantly, before its problems spread. So the World Wide Web may someday grow more secure thanks to lessons learned from the spidery construction that inspired its name.

注：molecular＝molecule（分子）の形容詞形
（2013年度 東京大学 大問1）

判断結果 ▶ 解答可能（②）

　要約問題も下線部説明問題と同様のことが言えますが、例11とは異なるのは、例12のような要約問題は、段落レベルではなく、文章全体の要点をまとめるという点です。上記の文章中にも「関係代名詞の非制限用法」や「分詞構文」など、高校レベルの文法事項が含まれていますが、文章全体のごく一部にすぎません。よって、これらの文法が理解できていなかったとしても、文脈や文中で挙げられている具体例などから、要約の解答を導くことが可能であると判断されています。

　こちらも一例として、解答例を紹介します。

「クモの巣が強い理由は異なる分子がさまざまな規模で相互作用する複合的な構造にあった。この構造は局所的な損傷が起きても全体は損なわないため、建物やシステムに応用可能である。」

(解答例はアルクが独自に作成)

以上のように、国立大学の入試で出題が多い下線部説明問題や要約問題などには、高校レベルの文法知識が含まれることが多いものの、それらの知識が直接的に問われることが少ないことから、「②高校レベルの文法知識を含むが中学レベルの文法知識で解ける問題」と判断される割合が高くなりました。

もっとも、これらの問題に対して適切な解答を作成するためには、具体例などを抽象化して要点を理解したり、文章全体や段落の要点を字数内でまとめたりする練習が不可欠であることは言うまでもありません。

調査結果と考察のまとめ

調査結果の概要を具体例とともに示し、大学別や問題形式別に考察してきました。問題形式を含めたさまざまな要因により、調査結果において大学間で多少の差が出ていることは否定できません。しかし、結論は以下の2点に集約されるのです。

1 分析対象の大学入試全体において、79%の問題が高校レベルの文法知識を含まないものである。
2 分析対象の大学入試全体において、89%の問題が中学レベルの文法知識で解答可能である。

「①高校レベルの文法知識を含まない問題」、「②高校レベルの文法知識を含むが中学レベルの文法知識で解ける問題」を合計すると、割合が最も低い東京大学でさえ、過半数の問題が「中学レベルの文法知識で解ける問題」とされており、分析対象の大学入試全体においては、約9割もの問題が、中学レベルの文法知識で解答可能と判断されているのです。

第4章では、調査結果についてのより細かな部分を述べていくことになりますが、アルク調査の最も重要な点である、1と2の要点を忘れないでいただきたいのです。

第4章
中学の知識は高校英文法の問題に応用できる

Content

中学の知識は高校英文法の問題に応用できる　　片山七三雄　76

中学の知識は
高校英文法の問題に応用できる
片山七三雄

はじめに

1) 本調査の背景について

　本章では、高校で習う文法事項を含む大学入試問題 (79％以外の21％) を分析し、中学レベルの文法知識で解けると判断されたものがどの程度あったかを示していきます。

　その前に、今回の調査をより深く理解していただくため、「高校レベルの文法知識を含まない問題 (①)」と判断された79％と、「高校レベルの文法知識を含むが中学レベルの文法知識で解ける問題 (②)」と判断された89％という結果を出した背景について説明していきながら、今回の調査の特徴を明らかにしておきましょう。

　筆者は、今から約25年前に制作・出版した問題集で「入試問題の３割は中学英語で解ける」と分析しました (＊１)。本調査ではこの数値が79％、そして高校レベルの文法知識を含むけれども中学の知識で解答可能なものを加えると、89％にもなっています。以前の入試問題と比べると、最近の入試問題は中学レベルの文法の出題割合が３倍にもなっているのか、と思われるかもしれませんが、それは違います。これには複数の要因が考えられます。

① 調査対象の範囲

　まず最大の要因は、本調査における調査対象の範囲の広さです。筆者が約25年前に出した問題集では、文法独立問題だけを分析対象にしました。しかし今回の調査では、長文問題や会話問題も含む、ほとんどすべての問題を対象にしています。

　文法独立問題の出題では、文法知識の有無を直接的に問うことになりがちです。直接的に文法知識を問われると、単純に知っているか知らないかの問題になりがちで、解答者は知らないことを問われれば当然正解することはできません。その

ような問題形式で高校の文法知識を問うような問題は、中学レベルではなかなか正解しづらくなり、数値も低めに出るでしょう。今回は長文問題を含め、対象範囲を広げたことで、より高く中学英文法の重要性が示される結果になったものと思われます。

②近年の大学入試問題の傾向

　昨今の入試問題では文法独立問題の出題割合は圧倒的に減り、長文問題の中で文法力を試す方向に向かっています。そのため知らない文法が含まれていても、文脈やそのほかの手がかりが増えてさまざまな情報があるため、これらを活用して解答を導くことができます。問われている英文の、前後の文脈の中に考える余地が残されている分、知識の活用で解答できる可能性が高まるのです。

　さらに、長文問題の英文の中で、文法的な要素を問う出題が増えた結果、実際の自然な英文に多用されることのない構文は、出題頻度が減りました。例えば、「クジラの構文」は実際の英文からこの例文を探そうとすると、結構手こずる表現です。そしてこのような出題頻度の低い構文は、一般的に高校で習う項目でもあります。

③調査の設定条件（単語はすべてわかっている）

　次に調査の設定条件による影響が考えられます。今回の調査は、「単語はすべてわかっていると仮定する」という、一見すると非現実的にも思える条件を設定しています（ただこの条件は、実現不可能とも言えません。詳しくは第6章をお読みください）。

　このことにより、「中学レベルの文法知識」の定義に影響が出ています。例えば、約25年前の問題集では、〈want＋人＋to do〉の知識の有無を問う文法独立問題は中学レベルの問題、〈require＋人＋to do〉のように動詞requireが用いられた文法独立問題では、高校レベルの問題と判断していました。これはrequireという単語が中学では未習であるためです。

　しかし、今回の調査では、仮に〈require＋人＋to do〉が文法独立問題で問われた場合には、「①高校レベルの文法知識を含まない問題」として分類されることになります。これは、〈want＋人＋to do〉と〈require＋人＋to do〉を、〈V＋人＋to do〉（「人」とdoが主語と動詞の関係になる）という同一の「形式」と見なしているためです。文法は「形式」と「意味（用法）」の関係と言えますが、このよ

うな同一の形式をもつ文法事項を、「代入型」と呼んでおきましょう。この代入型が、「①高校レベルの文法知識を含まない問題」と判断された79％という数値の高さに影響を与えています。

②「高校レベルの文法知識を含むが中学レベルの文法知識で解ける」の中身

次に、「②高校レベルの文法知識を含むが中学レベルの文法知識で解ける問題」と判断された89％です。アルク調査では中学英文法を含む79％の上に、10％の高校レベルの文法を含む問題の上乗せがある、ということになっています。この上乗せ分の10％（②−①）について理解していただくために、解答方法について補足しておきましょう。

まず「文法項目の分類」という観点から考えてみます。

① 中学レベルの文法知識の合わせ技による解答

例えば、「助動詞の受動態」は高校で習う項目のひとつに含まれています。しかし、中学では〈will＋動詞の原形〉の形式と意味「未来において〜だろう」を習っており、〈be＋過去分詞〉の形式と意味「〜される」を習っています。ならば、〈will be＋過去分詞〉という新しい形式が登場した場合、ふたつの形式の「和」として、意味を「未来において〜されるだろう」と正しく理解することは、不可能なことではありません。このような、中学レベルの文法を複数組み合わせて成り立つ文法事項を「組み合わせ型」と呼んでおきましょう。

もうひとつ、高校で習う文法の中に、中学で既出の形の部分的変形で、しかも、元の意味と変形されたことによる意味の変化がわかれば、その変形された形式の意味用法がわかる項目もあります。例えば、「過去完了形」は、中学で既習の現在完了形〈have＋過去分詞〉のhaveが過去形になっただけです。現在進行形のbe動詞が過去形になっただけの「過去進行形」が中学で教えられていることを考えると、正しい解答を導くのに当たって無理はないように思えます。これを「部分変更型」と呼んでおきましょう。

これら「組み合わせ型」と「部分変更型」のふたつのタイプは、高校レベルとし

て分類されても、実際の入試問題には中学レベルの文法知識が身についていれば対応しやすそうに思えます。指導の上でも、中学レベルから高校レベルへの橋渡しが比較的スムーズに行えそうです。

②その他

　また一般に、入試問題で問われる力という観点から考えると、高度な文法知識の有無とは「異なる力」が求められる場合もあります。それについても触れておきましょう。

　例えば、「形式理解による解答力」です。動詞部分が括弧になった１文が与えられて、「（　）の中に入る語をひとつ選べ」と問われ、選択肢に「1．XXXate　2．XXXately　3．XXXation　4．XXXable（注：XXXはある文字列）」のような派生語が並ぶ問題です。この場合、括弧に入る語の品詞は何かということを文全体の形から推測し、選択肢の中からその品詞になり得る語尾をもつ語形を選ぶことで、解答できるでしょう。一見すると英語力を測っていないようにも思えるかもしれませんが、実はこれこそが文法力と言えます。

　また、長文問題では、「文脈を活用した意味用法の類推による解答力」もあり得ます。代表例は仮定法です。一般的に、仮定法が用いられた英文を含む問題では、動詞の形という文法的な「文脈」と、内容という「文脈」の２種類の文脈が、その英文が仮定法であるかどうかの区別を助けてくれます。一方、中学レベルの文法知識しかなかった場合、長文問題の中で〈If A ～, B ...〉が仮定法過去で書かれている箇所に出合ったときは、文法的な「文脈」が不足することになります。しかし、仮に直説法で「もしAだったら、Bだっただろう（が可能であった）」と解釈したとしても、前後の文章内に「Aは事実ではない」という内容の文脈をくみとることができれば、「現実にはBではない」ということを論理的に「正しく」読みとれるのではないでしょうか。つまり、仮定法を習っておらず、該当箇所を直説法のように理解していたとしても、全体としては正しく読めている、ということになります。

　そのほかにも、入試問題では正解が明確にわからなくても解答できる場合もあります。例えば、消去法です。正解自体が高校レベルの文法項目であり、かつ単

独では全く理解できない問題だけれども、正解以外のほかの選択肢が中学レベルの文法知識で消去できた場合などです。さらに前述の、文脈を活用することに関連しますが、該当箇所を間違えて理解してしまったものの、結果的に正しく読めて正解が導ける場合や、該当箇所を無視して考えることによって中学レベルの英語力だけで正解が導ける場合なども考えられるでしょう（*2）。

3） 本調査の背景のまとめ

以上をまとめると、次のようになります。

1　約25年前の片山調査に比べ、調査対象範囲、近年の入試問題の傾向、「単語はすべてわかっていると仮定する」という設定条件（形式が同一な代入型）など、さまざまな要因が影響を与えた結果、「高校レベルの文法知識を含まない」問題は79％という高い数値になった。

2　高校レベルの文法知識を含む問題に対し、「中学レベルの文法知識で解ける問題」と判断された10％の問題は、以下のようなタイプの場合が多い。

・組み合わせ型：高校で学習する形式が、中学で習っている形式を新たに組み合わせた形式になる場合
・部分変更型　：高校で学習する形式が、中学で習っている形式の部分を文法的に変更した形式になる場合

あるいは、それ以外の高校レベルの文法知識を含むものであっても、消去法で中学で習った知識を適応したり、中学で習った知識を基に文脈から意味用法を類推したり無視したりすることで、正解を導くことができる。

以上が、今回の調査結果を導き出した要因と背景になります（*3）。これらを踏まえて、「高校レベルの文法知識を含む」と分類された21％の入試問題について、見ていきましょう。

21%のデータ分析と検討（文法項目別分類）

1) 総論

アルク調査で、調査者には「高校レベルの文法知識を含む」と分類した約21％の問題に対して、中学レベルの文法知識だけでその問題が解答可能かどうかの判断をしてもらいました。その際、解答の可否に影響を与える文法事項を記載してもらいました。それらを項目別に集計したのが表1です。縦軸に項目の名称をとり（*4）、横軸には中学レベルの文法知識で解答可能と判断した問題（「可」の列）、解答不可と判断した問題（「否」の列）、その他（「他」の列：判断が難しいものなど）（*5）の問題数の合計を並べました。

表1 ●「高校レベルの文法」と分類された問題の解答可否（頻度の高い項目のみ）

項目	サブ項目	可	否	他	計
文型	SVO	11	10	0	21
	SVOC	11	35	1	47
	形式主語／目的語	7	20	0	27
構文	倒置	6	20	0	26
	分詞構文	56	29	1	*86*
動詞	仮定法	24	60	1	*85*
	過去完了	36	20	1	57
	受動態	51	31	2	*84*
	助動詞	73	69	2	*144*
	不定詞	10	30	0	40
関係詞	what	36	42	0	*78*
	非制限用法	23	21	1	45
	関係副詞	28	33	3	*64*
総計（※）		372	420	12	804

※ 数字は重複カウント。「助動詞＋受動態」のほか、形式目的語とSVOC、関係副詞と非制限用法も一部重複している。

ひとつの問題を解くときに、高校で習う項目が複数必要になる場合が存在するため、縦列の合計は重複してカウントした数値になります。そのため、調査した入試問題の実数とは一致しません。

次に、表1の中から重要度が高い項目として頻度が高い項目上位6項目（表1

の「計」の数値が太字イタリックのもの)を選びました。該当項目のみを抜き出したのが表2です。なお、このうち、受動態と助動詞は組み合わさって「助動詞＋受動態」の形になる頻度が非常に高いので、この形式を代表とします。

表2では、中学レベルの文法知識で解ける問題の割合を「可率」として表し、「可率」の高い順に並べました。

表2 ● 可率の高い順

項目	可	否	他	計	可率（※）
分詞構文	56	29	1	86	65.9
助動詞＋受動態	44	28	1	73	61.1
what	36	42	0	78	46.2
関係副詞	28	33	3	64	45.9
仮定法	24	60	1	85	28.6

※可率＝(計－他)／可

2) 各論

では、表2の5つの項目について、入試問題を紹介していきたいと思います。ただし、「分詞構文」と「仮定法」のような、高校で習う文法事項をふたつ以上含む問題では、中学レベルの文法知識で解答できない場合、原因の分析が極めて難しくなってしまいますので、原則的に上記5つの項目をそれぞれひとつだけ含む問題を中心に取り上げることにします。

分詞構文

　分詞構文は一見難しそうな項目ですが、実際は解答可能と判断された問題の割合が一番高い結果になりました（65.9％）。

　まずは、中学レベルの文法知識では解けないと判断された問題から紹介します。言い換えると、分詞構文をきちんと身につけていないと解けない問題です。

例1 ● 和訳問題

> (B) 次の英文の下線部(1)と(2)を和訳せよ。ただし、(1)については their current ones の内容がわかるように訳せ。（略）
>
> 　A general limitation of the human mind is its imperfect ability to reconstruct past states of knowledge or beliefs that have changed. Once you adopt a new view of the world (or of any part of it), you immediately lose much of your ability to recall what you used to believe before your mind changed.
>
> 　Many psychologists have studied what happens when people change their minds. Choosing a topic on which people's minds are not completely made up — say, the death penalty — the experimenter carefully measures the subjects' attitudes. Next, the participants see or hear a persuasive message either for or against it. Then the experimenter measures their attitudes again; those attitudes usually are closer to the persuasive message that the subjects were exposed to. Finally, the participants report the opinion they held beforehand. This task turns out to be surprisingly difficult. (1)<u>Asked to reconstruct their former beliefs, people repeat their current ones instead</u> — an instance of substitution — and many cannot believe that they ever felt differently. (2)<u>Your inability to reconstruct past beliefs will inevitably cause you to underestimate the extent to which you were surprised by past events.</u>
>
> 　　　　　　　　　　　　　　　　　　　　　　　　　　（略）
>
> 　　　　　　　　　　　　　　　　　　　　　（2013年度 東京大学 大問4）

判断結果 ▶（1）：解答できない

　この問題の下線部（1）は、文がいきなりAsked to ...と動詞の-ed形ではじまります。動詞askは規則変化動詞ですので、Askedだけを見ても、それが過去形か過去分詞かの区別がつきません。中学の知識を探ってみると、動詞の過去分詞で文がはじまるものとしては、例えばbroken glassなどのような、過去分詞形の前置修飾による〈無冠詞＋過去分詞＋名詞〉の名詞句の表現が考えられます。しかし、Askedの次にはto reconstructが続きますので過去分詞とは解釈できません。また、Askedを過去に解釈したとしても、うまく和訳することは難しいでしょう。よって、people repeat their current ones instead「人々は代わりに、現在の考えを繰り返す」と正しく訳せても、Asked ...の部分は正しい訳を導き出せないだろう、と判断されました。

　次の問題はどうでしょうか。

例2 ● 文法独立問題

> 次の各英文の空所に入れるのに最も適当な語句を，ア～エから一つ選べ。
> 20.　(　　) among the participants of the conference, the total cost for getting a chartered bus was not so high.
> 　　ア．Having shared　　イ．Shared　　ウ．Sharing　　エ．To share
>
> （2014年度 近畿大学 大問3）

判断結果 ▶ 解答できない

　正解はイ．Sharedです。例1と同じように、このイの形でも、過去形と過去分詞形の、ふたつの解釈の可能性がありますが、続く語がamongですから〈無冠詞＋過去分詞＋名詞〉の形ではありませんし、過去形として判断したとしても主語がありません。

　他の選択肢についても考えておきましょう。アのHaving shared、ウのSharingの場合は、〈無冠詞＋現在分詞＋名詞〉が思い浮かびますが、問題文中では次に名詞が来ませんから違う、とわかります。同じ形をもつものには動名詞もありますが、さらに読み進めると、次にthe total cost for getting a chartered bus（＝主語）was（＝動詞）...と続きますので、この解釈もできません。それに対して、エのto

不定詞は、「〜するために」という目的用法と解釈することが可能ですので、中学レベルの文法知識しか使えない場合はエと誤答してしまう可能性があるでしょう。

このように考えると、この問題は、分詞構文の用法を知らないと正解を導けないため、中学レベルの文法知識では解けない問題と言えます。このように、文法独立問題で、かつ分詞構文における分詞の形を直接的に問う選択問題では、中学レベルの文法知識では解答することはできません。

以上、分詞構文が含まれている入試問題では、適切な分詞の形を選ばせるような文法独立問題や、特に過去分詞が使われたときの和訳問題などは、解答することはできないでしょう。

しかし、分詞構文が含まれる英文でも、中学英文法の知識で解答できると判断された問題も多くあります。

例えば次を見てください。

例3 ● 文法独立問題

> 次の日本文の意味を表すように[　　]内の語句を並べ替えた時, [　　]内**で前から6番目に来る語句を一つずつ選べ。**
>
> 5．彼女はそのような事例に今まで関心を持った誰よりも力を持っていたので、素晴らしい仕事を成し遂げた。　42
> Possessing [① interested in such a case ② more power ③ who ④ than ⑤ anyone ⑥ had ⑦ ever been], she had done a wonderful job.
>
> （2014年度 東洋大学 大問5）

判断結果 ▶ 解答可能（②）
※②：高校レベルの文法知識を含むが中学レベルの文法知識で解ける問題

これらの語句を正しく並べ替えると下のようになります。

Possessing more power than anyone who had ever been interested in such a case, she had done a wonderful job.

よって、正解は⑦になります。括弧の中に過去完了形が含まれていますが、与えられた日本語があり、かつ時制をもった動詞候補がhadくらいしかないので、正解を導けるかどうかには直接的に関与していません。

それでは、この問題を中学レベルの文法知識だけで解けるかどうかを検証してみましょう。

まず与えられた日本語「(誰よりも) 力を持っていた」からPossessの目的語はmore power (②) が選べます。次いで、「誰よりも」からthan (④) anyone (⑤) となり、「関心を持った誰より」から関係代名詞who (③) が続くとわかります。これに続く時制をもった動詞はhad (⑥) しかありません。① interestedも確かに動詞interestの過去形の可能性がありますが、hadの次に続く言葉の形が、(1) 名詞・代名詞、(2)「to＋動詞の原形」、(3) 過去分詞のどれかになることを考慮すると、残った選択肢の中からは⑦ ever beenしかありません。よって、正解を導くことができます。

もちろん厳密に考えると、分詞構文の知識がなければ「〜持っていたので」の日本語表現とPossessingが結びつきません。しかしこの部分の文法知識がなくても、そのほかの知識を駆使すれば、この問題は中学レベルの知識で正解が導けると判断されます。

次の問題も同様に、解答可能と判断された問題です。

例4 ● 長文問題

Read Text Ⅰ, Text Ⅱ, and Text Ⅲ, and choose the best option from a - d for questions 1 - 15.

Text Ⅰ

[A] There is a growing interest in the topic of aging and in the search for a general theory that can explain what aging is and why and how it happens. Evolutionary theories of aging are those theories that try to explain the remarkable differences in observed aging rates and longevity records across different biological species (for example, between mice and humans) through analyzing the interplay between the processes of mutation and selection. The appeal for understanding the biological evolution of aging and lifespan comes also from puzzling observations of the life cycles of some biological species. For example, a bamboo plant reproduces vegetatively (asexually) for about 100 years, forming a dense stand of plants. Then in one season all of the plants flower simultaneously, reproduce sexually, and die. About 100 years later (depending on the exact bamboo species) the process is repeated. This intriguing observation, as well as observations of "suicidal" life cycles of species like Pacific salmon, has promoted the idea that, in addition to mutation and selection, the trade-offs between different traits of organisms may also contribute to the evolution of species aging and longevity.

(略)

2．Which of the following is consistent with what Text I says about bamboo plants?
a. Bamboo plants grow in thick groupings.
b. Bamboo plants are repeated every 100 years.
c. Bamboo plants reproduce sexually many times.
d. Bamboo plants have "suicidal" life cycles.

(2014年度 早稲田大学 大問1)

判断結果 ▶ 2：解答可能（②）

　この問題を解く上で参照する本文の箇所は、第4文、For example, a bamboo plant reproduces vegetatively (asexually) for about 100 years, forming a dense stand of plants.です。このforming以下の箇所がわかれば、選択肢aが正解とわかります。この英文では、仮にこのformingを中学レベルの文法知識で「～している」といった進行形に近い日本語訳で解釈したとしても、理解に支障はありませんから解答可能です。

　次はどうでしょうか。分詞構文が含まれている箇所の英文和訳です。例1では過去分詞の分詞構文は、文法知識がないと解答できないと判断されましたが、次の例では、第3章の例10（69ページ参照）で紹介された問題と同様に、分詞構文が主節の後ろにあることと、andの解釈が可能であることから、解答可能と判断されました。

例5 ● 和訳問題

【1】
次の英文を読み，下記の設問に答えよ。（略）

At the center of the nineteenth-century commercial world, Victorian London was perceived by Continental visitors as combining the extremes of urban life: it had fabulous squares and parks, yet appeared to be dominated by cold and mechanical industry. <u>The theme of industrial modernity captured the tourist imagination, sometimes overshadowing London's monuments and cultural accomplishments.</u> As London offered a vision of a potential industrial European future, the Continental visitor found London an unsettling experience. Its conservatism, privacy and individuality were depicted as representative of the British political economy, the unique blend of free-market capitalism, governmental non-interference and personal liberty that was to be found nowhere else in nineteenth-century Europe. Thus, Louis Énault could claim in 1859 that London was "the head and heart of the nation."

設問1　下線部(1)を日本語に訳せ。

(2013年度 名古屋大学 大問1)

判断結果 ▶ 設問1：解答可能（②）

　この英文では、sometimes overshadowing以下が分詞構文ですが、このsometimes overshadowing以下を「産業の近代性という主題が旅行者の想像力をかきたてて、<u>ときどきロンドンの記念碑や文化的な功績の影を薄くしている</u>」と進行形のように訳しても、ほぼ正解に近い点数をもらえる可能性がありそうです。そのため、中学レベルの文法知識で解答可能な問題として分類されました。

　以上のように、分詞構文でも、特にandなどでつなぐ「連続した動作」を示す用法で用いられる場合には、文脈から正しく理解することが可能だとわかります。近年の入試では、穴埋め問題、正誤問題などの文法独立問題が減っているため、「解けなくなる」問題の比率が相対的に低くなり、その結果が数値に表れたのではないでしょうか。

助動詞＋受動態

前述したとおり、「助動詞＋受動態」は、どちらも単独では中学で既習の文法事項であり、「組み合わせ型」(78ページ参照)で解けば、中学レベルの文法知識でも比較的理解しやすいだろう、と調査段階から思われた文法事項でした。調査では実際に、中学レベルの文法知識で解答可能と判断された問題の比率が、6割を占めました (61.1%)。

先に、解答不可能と判断された問題から見ておきましょう。

例6 ● 文法独立問題

> 次の(1)〜(5)の各文において、間違っている箇所を(イ)〜(ニ)の中からそれぞれ1つ選び、その記号を解答欄にマークしなさい。
>
> (5) People <u>are living</u> longer, healthier <u>lives</u>, <u>yet</u> many of the health problems
>   (イ)   (ロ)   (ハ)
> they face could <u>avoid</u> with appropriate prevention or treatment.
>   (ニ)
>
> (2012年度 学習院大学 大問5)

判断結果 ▶ 解答できない

4択の選択問題に見えるこの問題は、通常の多肢選択問題とは大きく異なり、難易度が高い問題だと言えるでしょう。それは、通常の多肢選択問題は、どれが「正しい」のかを選ぶ問題ですが、本問はどれが「間違い」なのかを選ぶ問題であるからです。

順番どおりに考えていきますと、例えば (イ) の時制・相がこれで正しい、または適切かどうかを疑う場合には「文法的」間違いを探すことになり、「時制・相」の問題になります。ところが、(イ) の形自体は「文法的」にはあり得る正しい形です。と言うことは、下線部 (イ) は絶対的な間違いとは言えません。そうなると次は、意味内容から妥当かどうかの判断をすることになります。しかしこの問題では文の意味が与えられていませんから、解答者自身が文の内容を考える必要があり、結果的に「訳す」ことで対応することになるでしょう。つまり、本問のような問題では、英語として間違いを含む文を、間違いを含んだまま意味をとり (日本語に訳し)、その意味解釈から英文の間違えている箇所を探して正しい英語

の表現を考える、という作業を行うことになるのです。

　さて、この問題文で間違えている箇所は(ニ)で、avoidの正しい形はbe avoidedでしょう。しかし、yet以下をavoidのままの状態で日本語に訳すと「人々が直面する健康問題の多くは、適切な予防と処置で避けられた」となり、一見意味が通じます。つまり日本語訳を使って英語の意味を考える限りでは、avoidの態を変える必要性を感じない解答者がいるかもしれません(*6)。

　このような能動か受動かを判断する問題は、本来的には文法問題であり、正解にたどり着くプロセスを英語だけで検討するのならば、全く問題なく中学レベルの文法知識で解けるでしょう。しかし、実際に入試問題に取り組む高校生は、個々の英文の内容理解には、少なからず日本語を介在して解こうとするでしょう。そして彼らが日本語に依存した場合には、この問題はどこに間違いがあるのかが理解しづらく、解きにくい問題であることは間違いありません。

　次は、中学レベルの文法知識で解答できると判断された問題です。

例7 ● 長文問題

Read the following two passages and choose the most appropriate word or phrase for each gap. Mark your answers (a〜d) on the separate answer sheet.

(B) As an old saying goes: a translator is a traitor.

(略)

But what is a traitor? One English dictionary (11) a traitor as 'a person who betrays someone or something, such as a friend, cause, or principle.' Another dictionary says, 'someone who is not loyal to their country, friends, or beliefs.' A translator may betray the person who writes the original texts in the way seen in the (12) example. But does it necessarily mean he or she is (13) the author? In the Japanese version of an original English musical, *Les Miserables*, the translator Tokiko Iwatani puts a line of lyrics, 'I love him,' into simple Japanese 'Aishiteru' omitting the subject 'I' and the object 'him.' She betrays the author with these omissions. But by doing so, she succeeds in expressing the emotion of the speaker more vividly, which is what the author surely wants, and remains loyal to both the author and the audience. So the old saying could be (14): a translator is a loyal traitor.

14. (a) abolished　　(b) collected　　(c) modified　　(d) registered

(2014年度 早稲田大学 大問1)

判断結果 ▶ 14：解答可能（②）

問題14が該当箇所になります。正解は(c)で、全文はSo the old saying could be modified: a translator is a loyal traitor.です。

ここで問われているのは、(a)〜(d)のうちどの語が意味的にふさわしいか、ということです。文脈から判断すれば、全体的にこの文章が古い名言"A translator is a traitor."について述べられていることが読みとれますので、ほとんど無理なく、内容を正しく理解して、解答することができる問題だと言えるでしょう。文法的な解釈においても、助動詞couldと次に続く〈be＋過去分詞〉という受動態から、「〜されることができた（できるだろう）」と組み合わせて理解することは可能だと考えられます。

よってこの問題は、全体としては中学レベルの文法知識を使えば解ける問題として分類できます。

次の問題も解答可能と判断された問題です。

例8 ● 長文問題

次の英文は、"Why can some fish live in freshwater, some in salt water, and some in both?"と題された記事である。これを読み、下の問いに答えなさい。

（略）

Ultimately, fish adapted to or inhabited marine, fresh or brackish water because each environment offered some competitive advantage to the (C) different species. For instance, it has been suggested that euryhaline fish are able to eliminate external parasites by moving to and from fresh and saltwaters. Habitats of wide ranges of salinity offered new or more food, escape from predators and even stable temperatures.

（略）

問3　下線部(C)について，本文であげられているすべての具体例を，日本語で述べなさい。

（2014年度 東北大学 大問2）

判断結果 ▶ 問3：解答可能（②）

　この解答は、下線部（C）に続くFor instance以後の2文の中にあります。直後の文には、it has been suggested that ...という現在完了形の受動態が含まれますが、現在完了形と受動態はそれぞれ中学で既習ですので、「that以下が今まで提案されてきた（―：受動態、＝：完了形）」の意味は解釈可能でしょう。また、問題では下線部（C）の具体例が問われていますが、具体例の内容はthat節の部分に含まれていますので、it has been suggestedの部分は無視して解答を導くこともできます。解答例を示しておきます。

　「淡水と塩水を行き来することにより寄生虫を排除したり、塩度の異なる広い生息環境で、新鮮で豊富な食べ物が得られたり、捕食者から逃げられたり、安定的な温度が得られたりする（こと）。」

例9 ● 長文問題

次の文章を読んで、下の問いに答えなさい。
（略）

　Thirty years later, I am not known for speed, or technical genius. Say I adopt the style and technique that suits the patient and the particular situation and I'll consider that high praise. <u>I get encouragement from my fellow physicians who come to me when they themselves must suffer the knife. They know Marion Stone will be as involved after the surgery as before and during. They know I have no use for sayings such as "When in doubt, cut it out" or "Why wait when you can operate" other than for how reliably they</u>

reveal the shallowest intellects in our field. My father, for whose skills as a surgeon I have the deepest respect, says, "The operation with the best outcome is the one you decide not to do." Knowing when not to operate, knowing when to call for the assistance of a surgeon of my father's caliber — that kind of "brilliance" goes unheralded.

(略)

1 　下線をほどこした部分（1），（2）を和訳しなさい。

(2012年度 京都大学 大問2)

判断結果 ▶ 1（2）：解答可能（②）

　下線部の第2文に〈助動詞＋受動態〉（will be［as］involved）がありますが、助動詞（will）と受動態（be involved）を素直に続けて解釈すれば、特にこの箇所が和訳の支障になることはないでしょう（解答例は省略します）。

　以上、〈助動詞＋受動態〉は関係代名詞などほかの文法がさらに合わさって、複雑に見える英文の場合や、正誤問題などの問題形式自体が難易度の高い場合には、解答が導きにくくなると判断されましたが、単独で出題された場合には、ほぼ解答できる問題と判断されていました。

what

　whatは可率が46.2％でした。whatには、疑問代名詞（および疑問形容詞）のwhatが間接疑問などで名詞節として文の中に組み込まれる場合と、関係代名詞として働いて名詞節を導くものとの境界線が、文によって不明確になる例が多数存在しますが、前者は中学で、後者は高校で習う文法事項とされています（*7）。よって、whatが用いられていても、79％に含まれる問題と21％に含まれる問題とがあり、さらに21％に含まれる例にも、中学レベルのwhatの知識で解答できると判断された問題があった、ということになります。ここでは、先行詞のない関係代名詞のwhatを取り上げます。

まず中学レベルの文法知識では解答できない問題から見ていきましょう。第3章でも紹介した、2012年度の東京大学の大問4（2）の問題です。

例10 ● 長文問題

> (B) 次の英文は，ある作家が小説家Kazuo Ishiguro（＝Ish）にインタビューしたあとで書いた文章の一部である。下線部（1），（2），（3）を和訳せよ。ただし，下線部（2）については，itが何を指すか明らかにすること。
>
> （略）
>
> One of the few regrets of my life is that I have no formal grounding in music. I never had a musical education or came from the sort of 'musical home' that would have made this possible or probable, and always rather readily assumed that music was what those other, 'musical' people did. (2)I've never felt, on the other hand, though a great many people who didn't grow up reading books have perhaps felt it, that writing is what those other, 'writerly' people do.
>
> This contrast between writing and music is strange, however, since I increasingly feel that a lot of my instincts about writing are in fact musical, and I don't think that writing and music are fundamentally so far apart. The basic elements of narrative — timing, pacing, flow, tension and release, repetition of themes — are musical ones too. And (3)where would writing be without rhythm, the large rhythms that shape a story, or the small ones that shape a paragraph?
>
> （2012年度 東京大学 大問4）

判断結果 ▶ （2）：解答できない

この問題の下線部（2）にwhat those other, 'writerly' people doと関係代名詞whatが含まれています。この箇所でwhatを疑問代名詞としてとらえてしまうと、「書くことは、作家的な人々が何をするかである」と訳してしまい、意味を理解することは少し難しそうです。「書くことは、異なる作家的な人々が行う営みである」と正しく訳出することはできないでしょう。

次の問題も同様に、中学レベルの文法知識では解答不可能な問題として、分類

されました。

例11 ● 文法独立問題

> 次の日本文の意味を表すように，[　　]内の語句を並べ替えたとき、[　　]の中で前から**4番目**に来る語句を一つずつ選べ。ただし，文頭に来るべき語句も小文字にしてある。
>
> 3．彼女の言うことには一理ある。　43
>   　[① something　② she　③ is　④ there　⑤ says　⑥ in　⑦ what]．
>
> 　　　　　　　　　　　　　　　　　　　　　　（2013年度 東洋大学 大問5）

判断結果 ▶ 解答できない

まず全体を並べ替えた正しい文は以下のようになります。

There is something in what she says.

4番目に来る語はinですので、⑥が正解になります。一見するとすべて中学の導入時に学ぶような単語ばかりですが、この問題は、「一理ある」という日本語の言いまわしを英訳する難しさや、something、she、whatなど主語になる名詞の候補が複数ある点、is、saysと動詞候補も複数ある点などから、関係代名詞whatの知識がないと手こずりそうな問題です。仮に、she saysと続けることができたとしても、日本語から「彼女の言うこと」を作ろうとすると、中学レベルの文法知識ではsomething she saysまでかと思われます。そのほか、いろいろとパズルのように組み合わせても、thereとinの処理に悩むことになるでしょう。

次は、中学レベルの文法知識で解答可能と判断した問題です。

例12 ● 長文問題

> 次の英文を読み、問いに答えよ。
>
> （略）
>
> Some people think that if you (　c　) your dreams, you can find answers to questions, know between right and wrong, or become a better person. However, in order to give meaning to your dreams, you need to remember

them. Many people (d) that they do not dream at all. This is not true since all people dream. However, for many people, it is hard to remember their dreams. If you would like to remember your dreams better, tell yourself before you fall asleep, "I have to remember what I dream tonight." Another thing that could help is to keep a dream diary near your bed and record whatever you can remember of your dreams. Keep still upon waking and think first of what you were just dreaming before writing. To remind yourself that you want to remember your dreams, read through your dream journal just before you go to bed. Learning to remember your dreams may seem difficult at first, but if you (e), you will almost certainly succeed.

問5　夢を覚えておくために，しない方がいいと勧めていることを，次の中から一つ選べ。　20

① Keep a dream journal next to your bed.
② Write your dreams down as soon as you wake up.
③ Remind yourself to remember your dreams.
④ Review your dream diary before sleeping.

(2014年度 東洋大学 大問2)

判断結果 ▶ 問5：解答可能（②）

　正解は②です。本文では第8文（以下に再掲）が、この問題の正解を考える上でのヒントになります。

Keep still upon waking and think first of what you were just dreaming before writing.

　②の選択肢では、Write your dreamsとwake upの時間的関係がas soon asで同時に行うという意味で示されていますが、本文ではthink ... of what you were just dreamingとwritingがbeforeという語を用いて前後関係で示されており、夢について書く際に行うべき行動が異なります。従って②が、夢を覚えておくために、しないほうがいいことになります。

関係副詞

　関係副詞の可率は45.9％で、中学レベルの文法知識では解答できない割合のほうが高い項目でした。関係副詞とひと言で言っても、when、where、why、howを中心に、the way ～、the reason (why) ～、制限用法、非制限用法と、その用法は多岐にわたります。ここでは、whenとwhereを中心に取り上げます。

　関係副詞の場合も、これまで取り上げた文法と同様に、知識を直接的に問われる問題では、中学レベルの文法知識で解けない、と判断されています。

例13 ● 文法独立問題

> 次の設問(46-50)に答えなさい。
> 問46-50　日本文と同じ意味になるように、下線部に入る最も適したものをA～Dより一つ選び、その記号をマークしなさい。
>
> 46．ここが彼の上司が働いているオフィスです。
> 　　This is the office ＿＿＿＿＿(46)＿＿＿＿＿．
> 　　A. where his boss works in　　B. that his boss works
> 　　C. where his boss works　　　D. which his boss working for
>
> 　　　　　　　　　　　　　　　　　　　　　(2013年度 駒澤大学 大問10)

判断結果 ▶ 解答できない

　正解はCですが、中学レベルの文法知識では、どう頑張っても解けません。where（関係副詞）に関する正確な知識がなければ解答できないでしょう。
　次も同様です。

例14 ● 文法独立問題

> 次の(1)～(5)の英文には、日本語の文の意味を表す上で1つだけ適切でない箇所があります。その箇所を㋐～㋓の中から選び、その記号をマークしなさい。
>
> (4)　The village <u>where</u> I <u>visited</u> last summer was a small <u>one</u> in Ireland.
> 　　　　　　　　㋐　　　㋑　　　　　　　　　　　　　㋒　㋓

去年の夏に私が訪れた村はアイルランドの小さな村だった。

(2012年度 中央大学 大問3)

判断結果 ▶ 解答できない

正解は⑦のwhereです。⑦を正しく書く方法は複数ありますが、例えば、The village which I visitedのようにするのが適切です。この問題も前の例と同様に、関係副詞whereの正しい使い方を知らなければ、解答することは難しいでしょう。従ってこの問題は解答できない、と判断されています。

次も関係副詞whereの例ですが、今度は、中学レベルで解答可能であると判断した問題です。

例15 ● 長文問題

〔Ⅱ〕つぎの英文を読み、問いに答えよ。

 The supermarket uses strategies of space (ア) organized within and around the site to promote and improve the art of food trade. Like the department store and the mall, the supermarket is usually located next to a large, underground, multi-storeyed and usually crowded car park that enables consumers not only to park but to purchase in bulk their weekly groceries, aided by having a coin-operated trolley-hire system near the car park. Indeed, the availability of the automobile in the last 30 years has enabled the rapid rise and success of the supermarket, which relies on a wide group of consumers from a large area and their ability to purchase in large quantities. (イ) A the neighbourhood store where one walks, almost daily, to purchase single items such as milk, eggs, and bread, contemporary supermarket consumers, more often than not, drive to the store and shop weekly. In-store services such as banking, key cutting and dry cleaning also assist the time-poor postmodern shopper who will make the weekly trip to (not necessarily the nearest but) the biggest and most serviced one-stop supermarket within a reasonable (1) 15-minute drive of home.

(略)

3. 文脈上，空所 A と B に入る最も適切なものを，つぎのa〜eの中からそれぞれ一つ選び，その記号を解答欄にマークせよ。ただし，各記号は重複して使用しないこと。
　　a. In　　b. Unlike　　c. Despite　　d. Because of　　e. As well as

（2014年度 法政大学 大問2）

判断結果 ▶ 3A：解答可能（②）

　長文の内容を理解して、空所を埋める問題です。「文脈上最も適切なものを」とありますので、前後の文脈を利用して、正しく読みとることが求められます。Aを含む文では、the neighborhood storeを、関係副詞のwhere以下が後ろから限定修飾しています。この部分は、この1文の意味を理解する上で重要な箇所ですので、関係副詞を知っていれば比較的簡単に正解を導けるでしょう。ただ、たとえ知らなかったとしても、このwhereを無視して頭から大ざっぱに訳し、以下のような意味は理解できそうです。

　「近所の店、(whereは無視) 人々は歩いて、ほとんど毎日、牛乳や卵、パンなどの単品を買いに行く。現代のスーパーマーケットの顧客は、しばしば、車で店に行き、週ごとに（まとめて）買う」

　ここから、「徒歩で行ける日用品を買う近所の店」と「車で行ってまとめ買いをするスーパーマーケット」の違いを比べていることがわかります。そこまで読みとれれば、選択肢の中で適切なのは、bのUnlikeだとわかるでしょう。この問題は中学レベルの文法知識で解ける問題と判断できます。

　以上のように、関係副詞whereの正確な知識がなくても解答が導ける可能性があることがわかります。

　次に関係副詞のwhenですが、中学では「〜するとき」という意味の副詞節を導く用法をすでに習っていることを踏まえて、問題を見てください。

例16 ● 文法独立問題

　次の1〜7それぞれの空所を補うのにもっとも適当なものを，各イ〜ニから1つずつ選び，その記号を解答用紙の所定欄にマークせよ。

第4章　中学の知識は高校英文法の問題に応用できる

1. I took up scuba-diving a couple of years ago (　1　) a high school friend of mine introduced it to me.

イ．than　　　ロ．when　　　ハ．during　　　ニ．while

(2012年度 立教大学 大問3)

判断結果 ▶ 解答可能（②）

　正解はロのwhenです。まずほかの選択肢を検討してみましょう。ハのduringは前置詞で、次には期間を表す語句が続きます。しかし、ここでは次にa high school friend of mineが続くので、ハは排除できます。また、（1）の後ろを見てみると、「主語＋動詞」が続いていますので、（1）には接続詞かそれに相当した表現が入るだろうと予測できます。イのthanは確かに接続詞もありますが、（1）の前には比較級がないので、これも排除できます。残りはロのwhenかニのwhileですが、これはどちらも接続詞なので文法的には入ります。もちろん、while節中は一般的に進行形であるという知識があれば、ニではなさそうという判断もできるでしょう。

　しかし、その知識をもち合わせていない場合、中学レベルの文法知識ではこのwhenを「〜するとき」という接続詞の用法で解釈するしかありませんので、その解釈で意味を考えてみることにしましょう。

　ロでは、「高校の友達が紹介してくれたとき、数年前にスキューバダイビングを習った」となり、ニでは、例えば「高校の友達が紹介してくれた間、数年前にスキューバダイビングを習った」となります。どちらがより適切な日本語かと考えると、ロとなるでしょう（もちろん解釈は誤りですが、正解が出せるということです）。

　このように、whenは副詞節を導く接続詞の用法を習っているので、これを関係副詞のwhenに適応して解釈することにより、解けると判断された問題がありました。

　以上、関係副詞は直接問われるとまず正解できず、消去法くらいでしか対応できない項目でした。ただ、文全体の意味をとるときには、中学レベルの文法知識を用いて理解しようとしても、さほど大きな支障は出ず、正解が導ける可能性があるとは言えるでしょう。

仮定法

　仮定法が含まれる問題は、表2の中では、中学の知識で解答可能になる可能性が最も低い28.6%です。特に仮定法過去完了は、中学レベルの文法知識では解けない、という判断が多く出ました。以下の問題はそのような例です。

例17 ● 文法独立問題

> 次の設問(16－20)に答えなさい。
> 問16－20　それぞれの英文中の四つの下線部のうちの一つには，何らかの明らかな誤りが含まれている。日本文を参考にして，誤りを含んだ箇所を下線部A～Dより一つ選び，その記号をマークしなさい。
>
> 20. その試験に受かるためには，君はその教科書を何度も何度も読むべきだったね。
>   You should read the textbook over and over to pass the exam.
>   (A)   (B)   (C)   (D)
>
> （2013年度 駒澤大学 大問4）

判断結果 ▶ 解答できない

　この問題の正解（誤りを含む箇所）はAで、正しい表現はshould have readになります。いくら日本語が与えられていても、中学レベルの文法知識では絶対に解けない問題です。

　次のような、仮定法を使わないと書けない英作文問題も対応できません。

例18 ● 英作文問題

> (B) もし他人の心が読めたらどうなるか，考えられる結果について50～60語の英語で記せ。複数の文を用いてかまわない。
>
> （2012年度 東京大学 大問2）

判断結果 ▶ 解答できない

　この問いは、仮定法で作文することを直接的には要求していませんが、内容を考えると、直説法だけで作文をするのには多少無理がありそうです。もちろん、

直説法で書いても部分点はあるかもしれません。しかし、If I could know how others feel, I would …と仮定法で書き連ねていったほうが、論理的に展開させやすく、得点につながりやすそうです。その意味で、解答できない問題として分類しました。

次も英作文問題です。

例19 ● 英作文問題

> 次の日本語を英語に訳しなさい。ただし，解答欄に与えられた語で文を始めること。
> （1） 彼女の夢はおそらくかなうだろう。
>   Her ＿＿＿＿＿＿＿＿＿＿＿＿＿＿＿＿＿＿＿＿＿＿＿＿＿＿＿＿＿＿．
> （2） 彼女の助けがなかったら，彼は今の仕事を見つけられなかっただろう。
>   Without ＿＿＿＿＿＿＿＿＿＿＿＿＿＿＿＿＿＿＿＿＿＿＿＿＿＿．
>
> （2014年度 学習院大学 大問7）

判断結果 ▶ (2)：解答できない

（1）は直説法で書くのでしょうが、（2）は仮定法を使って、(Without) her help, he couldn't have found his present job.とでも書くことになるでしょう。これも中学レベルの文法知識では対応できないでしょう。

次のような和訳問題も、解答できないと判断されました。

例20 ● 和訳問題

> 次の文章の下線をほどこした部分(1)～(3)を和訳しなさい。
> Scientists often ask me why philosophers devote so much of their effort to teaching and learning the history of their field. Chemists typically get by with only a rudimentary knowledge of the history of chemistry, picked up along the way, and many molecular biologists, it seems, are not even curious about what happened in biology before about 1950. My answer is that the history of philosophy is in large measure the history of very smart people making very tempting mistakes, and if you don't know the history, you are doomed to

making the same mistakes all over again. That's why we teach the history of the field to our students, and scientists who cheerfully ignore philosophy do so at their own risk. There is no such thing as philosophy-free science, just science that has been conducted without any consideration of its underlying assumptions. The smartest or luckiest of the scientists sometimes manage to avoid the pitfalls quite adroitly (perhaps they are "natural born philosophers" — or are as smart as they think they are), but they are the rare exceptions. Not that professional philosophers don't make — and even defend — the old mistakes too. If the questions weren't hard, they wouldn't be worth working on.

(2014年度 京都大学 大問1)

判断結果 ▶（2）：解答できない

解答例は省きます。下線部（2）の後半（If the questions weren't hard, they wouldn't be worth working on.）に仮定法が用いられています。仮定法を含む文を訳に出している以上、出題意図としては、仮定法的な訳出が求められているのではないかと判断しました。

以上、解答できないと判断された問題を見てきました。しかしそれでも、仮定法を含む問題の約3割近くが解答可能になるという分析結果になりました。それでは、どのような問題が解答可能と判断されたのでしょうか。次の問題を見てください。

例21 ● 文法独立問題

> 次の1～5のカッコ内の単語を並べ替えて、最も適切で意味の通る文を作り、並べ替えた部分の中で3番目に来る単語を解答欄に書きなさい。
>
> 2　His argument was convincing; otherwise (agreed / have / him / no / one / with / would).
>
> (2014年度 一橋大学 大問3)

第4章　中学の知識は高校英文法の問題に応用できる　103

判断結果 ▶ 解答可能（②）

この括弧の中はno one would have agreed with himであり、3番目に来る単語はwouldになります。英文自体は仮定法であり、「助動詞の過去形＋完了形」が含まれています。これを、中学レベルの文法知識だけで解こうとするとどうなるでしょうか。

まず、主語になる名詞はone以外ありません。選択肢の単語の中で、noがつく名詞はoneしかないので、結果no oneが主語になります。次に、主語がno oneである以上、これに続く動詞はhaveではなく、hasかhadであるべきなので、動詞の候補からhaveがはずれ、agreedかwouldが来ることになります。agreedを選ぶとno one agreed with himまでできあがり、haveとwouldが余ります。wouldを選ぶと、次に動詞の原形しか続かないのでhaveしかあり得ません。よってno one would haveまで続くことになります。

haveの次には（1）名詞・代名詞、（2）to＋動詞の原形、（3）過去分詞の3つの可能性がありますが、選択肢にtoがない以上（2）の可能性はないでしょう。また、（1）の観点からhimを選ぶと、agreed withが余ってしまいます。agreedは規則変化動詞の過去形または過去分詞のどちらかなので、これを（3）の過去分詞と考えると、no one would have agreedとまで続くことができ、残りがwith himとつながることがわかります。

よって、この問題は仮定法過去完了について答える問題ですが、中学レベルの文法知識で解ける問題と判断されました。

次も解答できると判断された問題です。

例22 ● 長文問題

> 次の英文を読み、あとの問いに答えよ。
>
> （略）
>
> Humans usually breathe from sixteen to twenty times each minute. If you analyzed the air you breathe, you would find it is a mixture of different gases. Most of it is nitrogen — about four-fifths. One-fifth is oxygen. There is also a tiny amount of carbon dioxide, a little water vapor (which gives air its humidity), and some traces of what are called rare gases.

(略)

問2　本文の第2段落の内容に合うものとして最も適当なものを，ア～エから一つ選べ。（ 39 ）

　ア．Humans notice different gases every time they breathe in air.
　イ．In the air, the amount of carbon dioxide is equivalent to that of oxygen.
　ウ．Several kinds of gases are contained in the air humans breathe in.
　エ．The air around humans consists of only nitrogen, oxygen, and water vapor.

(2013年度 近畿大学 大問7)

判断結果 ▶ 問2：解答可能（②）

　問題に答えるための箇所はIf you analyzed以下の第2文です。第2文には仮定法が用いられていますが、解答と直接関係する、「分析する対象」(the air you breathe) と「わかること」(it is a mixture of different gases) の箇所は、正解ウと同様に、中学英文法で理解できます。

　以上、仮定法を含む英文では、直接的に動詞の形などを問われると非常に難しくなります。さらに仮定法過去完了では主節に「助動詞の過去形＋完了形」がありますが、この形は習ってもなかなかしっかりと対応することが難しい形式ですから、未習段階ではなおのこと厳しいでしょう。しかし、仮定法過去の形式ならば、中学レベルの文法知識を生かして直説法のように意味を解釈したとしても、対応できる場合がある、と言えるでしょう。

3) 21%のデータ分析と検討のまとめ

　本章では、高校で習う文法項目を含む大学入試問題（全体の21%）の内容を分析しました。中学レベルの文法知識をフルに活用して、時には間違えて適応し、時には対応できないから無視するなどを含めて、さまざまな方法で正解を導ける方法があるかないかを考えてみました。その結果、21%のうち約半分の10%の問題は、中学レベルの文法知識を活用すれば解ける可能性があるという判断をしました。

　しかし、判断ということは、問題を判断する人の差が出るわけです（＊8）。これは一般的な指導上の問題とも関係します。解答可能と判断した人は「可能になる理由」を探しますし、解答不可能と判断した人は、中学では習っていないなどの「不可能な理由」を探します。特に後者の判断をした場合には、その瞬間に「どうすれば解けるようになるのか」という可能性を探さなくなります。
　しかしこのことは、物事のbright sideもdark sideも両方を見ることができる場合に、指導者がどちらを見るのかによって、生徒の反応も全く変わる可能性があることを示しているのではないかと思われます。ならば、物事のdark sideを見て「この形は知らないからはじめてだよね、だから考えても無駄だよ。できないよ」という立場で指導するのではなく、bright sideを見て、「この形は知らないからはじめてだよね、でも考えてみようよ。きっとわかるよ」という指導ができる可能性が開かれていることを示しているのではないでしょうか。

　「基礎力としての、中学レベルの文法力の大切さ」を示しているのが、79%という数値であるならば、「指導者の意識の違いや教え方の違いにより、解けるか解けないかが変わる可能性」、「正確な文法知識の有無を試す試験問題を、作問することの難しさ」を示しているのが、89%から79%を引いた上乗せの10%なのかもしれません。

(＊1)『英語頻出問題の分析と解法』（片山七三雄 1991 桐原書店）のこと。実際の問題の割合は、1290問中460問の約3分の1が中学で習う文法と分析されました。
(＊2) アルク調査は、個々の問題を中学レベルの文法力で解答可能かどうかの分析であり、そこから、基礎力としての中学レベルの文法力の大切さを引き出そうとするものです。個々の大学入試問題の善しあしを判断しようとしているものではありませんし、中学レベルの文法知識で解けるから良問だとかいうような判断をする意図は一切ありません。さらに、正確な文法知識がなくても解ける問題があることから大学入試問題を批判しようという意図もありません。
(＊3) アルク調査の結果は、中学で未習の文法として「分類」された項目を含む問題が、中学の文法力でどこまで解けるのかの「判断」の数を集計したものです。今回と同じ英文を対象に、同じ調査を別の人が行った場合、以下の2点において、今回の数値と異なる調査結果が出る可能性はあり得ることを述べておきます。
　　　3—1．それぞれの文法項目が中学レベルか否かの分類（判断）の中には、特に「代入」を中心に、個人により揺れが出る可能性がある。
　　　3—2．高校レベルの問題が、中学レベルの文法知識で解けるかどうかを判断する際、個人により揺れが出る可能性がある。
(＊4) 合計頻度が20以下（全体の約0.5％）の項目は表1から省略しました。それらの項目は、seem、SVOO、強調構文、省略、付帯状況with、現在完了（進行）形、未来完了形、複合関係詞、「前置詞＋関係代名詞」、接続詞、whether、比較の合計12項目です。なお、表1において出題頻度が低く省略されたものは、必ずしも英文の中で使用される頻度が低いことを意味しません。例えば、「前置詞＋関係代名詞」は出題頻度が極めて低いですが、英文の中では頻繁に使用されています。もちろん、実際に頻度が少なく、かつ実際の英文にほとんど出現しないような文法項目・表現形式もあります。
(＊5)「他」に関してはひとつひとつあらためて分析を行い、可否のどちらかに分類しなおすべきなのですが、その頻度は全体（約4000問）の0.3％未満であるため、今回の分析ではこの作業を省略しました。また、分類には間違いなどの人的ミスも当然あり得ると思われますが、誤差の範囲内と考えて協力者の申告どおりにしています。
(＊6) 興味深いのは、be avoidedと正しく訂正した英文を通常の方法（英語の受動態に対応させて「られる」を用いる）で訳しても、「人々が直面する健康問題の多くは、適切な予防と処置で避けられた」となる点です。日本語の「れる・られる」の表現が「受身・可能・尊敬・自発」の意味を持つことから、「避けることができた」の「（能動の）可能」の意味と同じ表現になるのです。
(＊7) そもそもひとつの言葉に複数の意味用法がある場合には、全くclear-cutに分類されるというよりも、ひとつの意味用法から他の意味用法へと発展・変化するわけです。ならば、仮にある場合のwhatがそれなりに明確に関係代名詞として分類できても、その意味用法の中に、疑問代名詞としての働きが幾ばくかは残っているはずです。つまり、このwhatが疑問代名詞か関係代名詞かの分類には、教育的に意味がない、とまで言わないとしても、どれほどの意味が認められるのでしょうか。要は、従前は関係代名詞解釈をしていたwhatに、疑問代名詞解釈を許容するかどうかの問題なのではないでしょうか。
(＊8) この判断を高度に理想化された状態（モデルとなる状態を設定し、理屈の上で解けるかどうか）で厳密に行えば、解答可能な問題はこの数値以上に多くなることが予想されます。

第5章
高校における効率の良い文法指導とは

Content

高校における効率の良い文法指導とは　吉田翔真　110

高校における
効率の良い文法指導とは

吉田翔真

まず優先すべきは中学英文法の定着

　第3章で述べたとおり、アルク調査では、分析対象の大学入試全体において79%の問題が高校レベルの文法知識を含まず、89%の問題が中学レベルの文法知識で解答可能である、という結論に至りました。しかし、入試問題を解くためには、中学英文法を「教える」(教師の立場)、あるいは、中学英文法を「知っている」(生徒の立場) だけでは不十分であることは言うまでもありません。

　例えば、分詞の形容詞的用法、関係代名詞 (接触節を含む) などの「後置修飾」は中学で扱うことになっていますが、これらを含んだ英文を正確に作文できる高校1年生が、果たしてどれほどいるでしょうか。また、SVOO、SVOCなどの文型については、SVOO、SVOCの形を取る動詞のうち、〈give O_1O_2〉、〈call OC〉のように必ず教科書に出てくる表現はありますが、中学で扱うものはほんの一部にすぎません。そして、O (目的語) とC (補語) の違いをきちんと理解している高校1年生もほとんどいないと思われます。目的語がどんなものかを理解していなければ、例えば、中学で学習するはずの、目的格の関係代名詞のような項目をきちんと理解し、使いこなすことはできないでしょう。

　高校の英語の授業では、「英語表現」の検定教科書や、いわゆる『○○総合英語』といった参考書や問題集などの副教材を使い、中学英文法の復習からはじめて高校レベルの文法の学習につなげているケースが多いと思われます。ですから、上記のことは、高校の英語教師にとって当たり前のことで、「何をいまさら……」と思われる方も多いでしょう。しかし問題は、中学英文法の復習にそれなりの時間をかけ、きちんと「定着」させられているかという点なのです。

　先ほどから述べている中学英文法の「定着」とは、冒頭で述べたように、中学英文法についての知識があるだけではなく、文法の知識を生かして適切な英文を書いたり、その知識を読解で活用したりできるようになることまでを含んでいま

す。中学英文法の知識を問う4択問題や穴埋め問題が解けるだけでは、全く意味がありません。本調査における79％および89％という数値は、あくまでも、「中学英文法がきちんと定着していれば」という条件つきであり、これは決して簡単なことでないのです。

中学英文法の知識を生かした高校での指導法

　中学英文法の定着が最優先課題ではあるものの、高校レベルの文法を全く学習せず大学入試を迎えることに不安を感じる方もいるかもしれません。もちろん、私たちは、アルク調査の結果から、「高校レベルの文法を指導してはいけない」などと主張したいわけではありません。しかし、高校レベルの文法事項をすべて定着させるには、かなりの時間と労力が必要となります。ですから、中高一貫校の進学校や公立のトップ校のような、生徒の学力が高く、カリキュラム的にも余裕があるような環境でない限りは、どの文法事項を優先的に教えるかを考えた上で指導することが理想です。

　高校レベルの文法で最優先すべきものは、80ページで述べた「1．組み合わせ型」「2．部分変更型」の2点であると考えます。以下、1、2の具体例と、それらの指導を優先すべき理由を挙げていきます。

1） 組み合わせ型

　「組み合わせ型」の具体例としては、「SVOO（直接目的語が名詞節）」「助動詞＋受動態」「現在完了進行形」「未来完了形」「前置詞＋関係代名詞」などが挙げられます。また、表内には示されていませんが、「助動詞＋完了形」も挙げられるでしょう。

　これらの項目は、いずれも、高校レベルの文法知識とされていますが、基本的には中学英文法の知識を組み合わせたものと考えることができます。既存の知識と結びつけることができるために指導がしやすく、習得にも時間はかからないでしょう。特に、「助動詞＋受動態」などは出題頻度も高く、こういった項目の指導をするだけでも、「中学英文法では解けない」とされている問題の、かなりの数をカバーができるのです。

２）部分変更型

「部分変更型」の具体例は、「SVOC」「形式主語／目的語」「過去完了形」などです。こちらについては、それぞれ補足が必要ですので、項目別に分けて説明します。

①SVOC

「SVOC」のうち、高校レベルの文法知識に含まれるものは、Cが原形不定詞や分詞になっているパターンです。例えば、〈make OC（形容詞）〉のパターンは中学で学習しますが、〈make OC（原形不定詞）〉や〈make OC（過去分詞）〉などのパターンは高校で学習するもの、とされます。しかし、これらはすべてSVOCの文型という形が共通しています。中学レベルの内容である〈make OC（形容詞）〉から、この文型においてはOとCに主語と述語の関係が成り立つ、ということをきちんと理解させることができていれば、〈make OC（形容詞）〉や〈make OC（過去分詞）〉、そのほかの使役動詞や知覚動詞の指導にもそれほど時間をかけずに済むでしょう。

②形式主語／目的語

「形式主語／目的語」については、〈it is ... that ～〉や、形式目的語のitなどが、高校の内容とされます。前者については、中学レベルとされる〈it is ... to ～〉のto不定詞以下がthat節になっているだけですし、後者についても、itが主語ではなく目的語となっているだけですから、中学英文法の応用形として比較的容易に指導できるでしょう（ただし、後者については、生徒が「目的語」をきちんと理解していることが前提となります）。

③過去完了形

「過去完了形」についても、中学で学習する「現在完了形」がきちんと理解されていれば、「haveを過去形のhadにすることで、基準を現在から過去へとずらした『過去完了形』が成立する」といった、中学英文法をベースにした説明が可能です。「過去のある時より前の動作・出来事」を表す用法、いわゆる「大過去」については補足が必要ですが、それほど理解が難しい部分ではありません。

データから考える高校英文法の優先順位

　前述した「1. 組み合わせ型」「2. 部分変更型」の次に優先すべき文法事項は何であるかを、81ページにも示した表を使って考えたいと思います。
　高校レベルの文法知識を含む問題を文法項目別に集計し、中学英文法による解答可否を示した表です。

表1 ●「高校レベルの文法」と分類された問題の解答可否（頻度の高い項目のみ）

項目	サブ項目	可	否	他	計
文型	SVO	11	10	0	21
	SVOC	11	35	1	47
	形式主語／目的語	7	20	0	27
構文	倒置	6	20	0	26
	分詞構文	56	29	1	*86*
動詞	仮定法	24	60	1	*85*
	過去完了	36	20	1	57
	受動態	51	31	2	*84*
	助動詞	73	69	2	*144*
	不定詞	10	30	0	40
関係詞	what	36	42	0	*78*
	非制限用法	23	21	1	45
	関係副詞	28	33	3	*64*
総計（※）		372	420	12	804

※ 数字は重複カウント。「助動詞＋受動態」のほか、形式目的語とSVOC、関係副詞と非制限用法も一部重複している。

　まず考慮すべきは、大学入試問題において頻度が高い項目であることは言うまでもありません。表1（「計」の列）によると、「分詞構文」「仮定法」「（関係代名詞の）what」「関係副詞」などに関する問題数が、比較的多いことがわかります。特に、「（関係代名詞の）what」「仮定法」「関係副詞」などについては、中学英文法の知識では解けないと判断される問題の割合が高くなっています（「否」の列）。すなわち、これらの文法知識を有することが問題を解くための必要条件となっている問題が、それなりにあるということですから、優先順位は必然的に高くなります。

この観点から考えると、「分詞構文」については注意が必要です。表1によると、確かに分詞構文を含む問題数はそれなりに多いのですが、そのうちの少なくとも半数以上の問題が、分詞構文の知識がなくとも解答可能であると判断されているのです(「可の列」)。第4章で述べたとおり、今回の調査では、分詞構文自体の知識がなくとも長文の内容理解には支障がないため、文脈から意味を解釈することは可能である、と判断されている問題が多くなっています。一方で、分詞構文の知識を直接的に問う問題は、ゼロではないものの、あまり多くはありません。ましてや英作文などで分詞構文の知識が要求される問題は、皆無と言っても過言ではありません。

　というのも、語数指定などの条件をつけない限り、分詞構文は接続詞を用いた節の形で代用できることがほとんどであり、英作文では出題しづらいからです。また、会話においても分詞構文は通常使われません。したがって、分詞構文を指導する際には、「分詞構文を含んだ英文が作れるようになること」までを目標にするのではなく、「分詞構文を含んだ英文の意味を理解できるようになる」ことを目標にするのが合理的なのではないでしょうか。

大学入試における文法知識の問われ方

　近年、大学入試における文法知識の問われ方は変わってきています。このことに関連する先行研究を紹介します。

　別府（Beppu 2002）は、高校で使用される問題集に掲載された64の文法（構文）について、「その項目を知らないと解けない問題」の大学入試における頻度を調べました。国公立大学5校、私立大学11校20学部とセンター試験の問題について、当時の最新問題（1996年～2000年）と、多くの教師が大学受験生であった年代の問題（1979年～1983年）を調査対象としています。単文単位などで文法の知識を直接的に問う文法独立問題（targeted questions）の割合を1996年～2000年と1979年～1983年とで比べてみると、減少が見られました。

　金谷（2009）は、2003年～2007年の入試について、別府（Beppu 2002）と同様の調査を行いました。その結果、別府（Beppu 2002）においても頻度が高かった〈it is ... to ～〉などの基本的な文法（構文）の頻度がさらに高くなり、targeted questionsの割合はさらに減少傾向にあることがわかりました（図1、図2）。

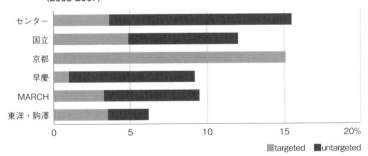

図1 ● 金谷（2009）における大学グループ別targeted/untargetedの割合（2003-2007）

※ 国立大学は、特殊な出題傾向をもつ京都大学を別に分類した。
『教科書だけで大学入試は突破できる』（金谷憲［編者］2009 大修館書店）

第5章　高校における効率の良い文法指導とは　　115

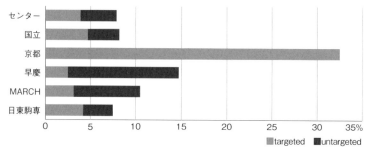

図2 ● 別府（Beppu）における大学グループ別targeted/untargetedの割合（1996-2000）

※ 国立大学は、特殊な出題傾向をもつ京都大学を別に分類した。

　さらに、吉田（Yoshida 2012）においては、2009年〜2011年の入試について、別府（Beppu 2002）、金谷（2009）と同じ方法で文法項目（構文）別の頻度を調べ、さらに、頻度が10回以上の頻出項目の問われ方を調べました。その結果、2つの先行研究と同様、文法（構文）では〈it is ... to 〜〉などの基本的な文法（構文）の頻度が高いことに加え（表2）、それらの頻出項目については、長文読解などの内容理解に必要になるといった、文法の知識を間接的に問う問題（untargeted questions）の割合が高いことが明らかになりました（表3）。

表2 ● 吉田（Yoshida 2012）における文法項目（構文）別頻度

Rank	Sentence structures	Frequencies
1	it is ... (for / of 〜) to 〜	130
2	it is ... that [how, if, etc.] 〜	69
3	if + S' + V' (past/past perfect), S would ...	48
4	not only ... but (also) 〜	30
5	so ... that 〜	28
6	in order to [that] ...	27
7	it is ... that [who, which] 〜 <emphasis>	26
8	help + someone + (to) 〜	25
9	... enough to 〜	21
10	the + comparative degree, the + comparative degree	19
11	both ... and 〜	18
12	not ... but 〜	17
13	too ... to 〜	16
14	I wish S' + V' (past/past perfect) ...	12
15	as if [though] S' + V' (past/past perfect/present) ...	11
16	have [get] + something + past participle	11

17	<substitution for if-clause>, S would ...	9
18	no matter how [what, when] ...	9
19	so (that) ... can [will, may, could, would, might] ...	9
20	with ... / without ... / but for ..., S would ...	8
21	... times as ～as / ... times more ～ than	7
22	get + someone + to ～	7
23	neither ... nor ～	7
24	either ... or ～	6
25	such ... that ～	6
26	as ... as possible	5
27	no sooner ... than ～	4
28	would rather ... than ～	4
29	in case ... (should) ～	3
30	not so much ... as ～	3
31	it is (about / high) time S' + V' (past) ...	2
32	it is ... - ing	2
33	not ... until ～ / It is not until ～ that ...	2
34	so as to ...	2
35	the last ... to ～	2
36	all the + comparative degree + (for)	1
37	as … as any [ever] ～	1
38	cannot help ... - ing	1
39	for fear ... should ～	1
40	if it were not [had not been] for ... , S would ～	1
41	it was [will not be] long before ...	1
42	much more / much less / still more / still less	1
43	no more ... than ～	1
44	none the + comparative degree + (for)	1
45	not ... any more than ～	1
46	the same ... as ～	1
47	there is no ... - ing	1
48	A is to B what C is to D	0
49	cannot ... too ～	0
50	cannot but ...	0
51	if only S' + V' (past / past perfect) ...	0
52	it is no use ... -ing	0
53	lest ... should ～	0
54	might as well ... as ～	0
55	no less ... than ～	0
56	not ... because ～	0

57	not so much as ...	0
58	scarcely [hardly] ... when [before] 〜	0
59	so ... as to 〜	0
60	such ... as 〜	0
61	such ... as to 〜	0
62	what few [little] + noun	0
63	what is more	0

表3 ● 吉田（Yoshida 2012）における頻出文法事項（構文）の問われ方

Rank	Sentence structures	(1)	(2)	(3)	(4)	(5)	(6)	(7)	(8)
1	it is ... (for / of 〜) to 〜	5	10	3	6	7	42	33	24
2	it is ... that [how, if, etc.] 〜	1	5	2	1	6	24	12	18
3	if + S' + V' (past/past perfect), S would ...	13	1	0	3	6	10	9	6
4	not only ... but (also) 〜	1	0	0	0	4	6	5	14
5	so ... that 〜	2	3	0	0	2	9	5	7
6	in order to [that] ...	1	0	0	3	0	6	12	5
7	it is ... that [who, which] 〜 <emphasis>	0	0	1	3	5	5	5	7
8	help + someone + (to) 〜	4	1	1	1	0	9	6	3
9	... enough to 〜	0	2	0	1	2	4	8	4
10	the + comparative degree, the + comparative degree	4	1	0	3	2	0	2	7
11	both ... and 〜	2	0	0	0	1	4	8	3
12	not ... but 〜	1	0	0	0	2	7	4	3
13	too ... to 〜	2	0	0	1	2	3	5	3
14	I wish S' + V' (past/past perfect) ...	5	0	1	1	0	2	2	1
15	as if [though] S' + V' (past / past perfect / present) ...	4	2	0	0	0	5	0	0
16	have [get] + something + past participle	0	1	0	0	3	4	1	2

The classification of the question types:
☐(a) Targeted Questions
☐(1) Fill-in-the-blank
☐(2) Reorder/Rephrase
☐(3) Error-finding
☐(4) Translation (Japanese into English)
☐(5) Translation (English into Japanese)
■(b) Untargeted Questions
■(6) Fill-in-the-blank, Reorder/Rephrase, Error-finding (Untargeted)
■(7) Understanding of the passages (the cases where the right answers contain SS*)
■(8) Understanding of the passages (the cases where the passages contain SS*)
*The author uses the term "SS" to refer to "sentence structures."

この3つの先行研究、別府 (Beppu 2002)、金谷 (2009)、吉田 (Yoshida 2012) には、例えば関係副詞などの文法事項が含まれていないといったように、調査対象となった文法 (構文) は、今回のアルク調査とは違った切り口となっていますが、〈it is ... (for / of 〜) to 〜〉などの中学レベルの文法知識が問われる傾向が強いことは、今回の調査結果と共通しています。高校レベルのものでは、仮定法などの頻度が高くなっている点も一致しています。さらに注目すべき点として、別府 (Beppu 2002)、金谷 (2009) によると、1979年〜1983年、1996年〜2000年、2003年〜2007年の各年代の入試問題を比べると、targeted questionsの割合が減少傾向にあるという点です。以下にあらためて引用します (図3)。

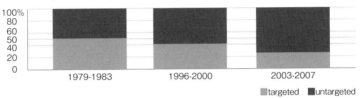

『教科書だけで大学入試は突破できる』（金谷憲 [編著] 2009 大修館書店）

　これらの先行研究のデータは少し古くなっていますが、アルク調査における入試問題 (2012年〜2014年) での文法の問われ方を見ても、この傾向は続いていると思われます。加えて、吉田 (Yoshida 2012) で明らかにされたように、入試で頻出となる文法 (構文) については、targeted questionsよりも、untargeted questionsでよく問われるのです (表3)。

　一方のtargeted questionsの中には、空所補充問題、整序問題、正誤問題、和文英訳問題、英文和訳問題などが含まれます。このような研究結果を踏まえると、教師が、文法の指導において、後者のような問題形式の問題 (targeted questions) を解く指導に偏ることのないように、留意する必要があると言えるでしょう。

問題集を使った文法指導・学習における注意点

　次に、問題集について考えてみましょう。高校の英語の授業では、検定教科書に加えて、副教材として文法問題集などを使ったり、自習用教材として配布した

りすることがほとんどだと思われます。

　確かに、問題集はポイントがよくまとまっており、うまく使えば効率よく文法知識を定着させることができるかもしれません。しかし、問題集を使った学習には注意が必要です。以下に関連する先行研究を紹介します。

　吉田（Yoshida 2011）では、金谷（2009）において調査対象となった文法（構文）が、それぞれの問題集において、どのくらいの頻度で出現しているかを調べました。問題集については、学校採択用や個人の文法学習用としてよく使われるものの中から、レベル分け（基礎・標準・発展）されているものを中心に、15冊選びました。結果として以下のことが明らかになりました。

1　基礎レベルや標準レベルの問題集でも、入試頻出の文法（構文）はかなり網羅している一方、発展レベルの問題集では、入試において頻度が低いものも数多く含んでいる。
2　調査対象となった15冊のうち、難易度や入試頻度による文法（構文）の区別があるのは4冊のみであり、しかもそのうち3冊は同じシリーズである。

　1については、特に発展レベルの問題集に、入試であまり問われないような項目が数多く含まれていました。入試対策としては、このような問題集を使うことはあまり効率が良いものではないでしょう。2については、問題集は各文法（構文）をほぼ均等に扱う傾向があり、入試最頻出の項目に関する問題とあまり出題されない項目の問題数や扱い方に、差がないものが多いことがわかりました。特に頻出項目を優先的に身につけるためには、あまり向かないということです。

　そもそも、こうした問題集に掲載されている問題の形式は、ほぼ例外なくtargeted questionsです。先述したように、入試問題ではtargeted questions自体が減少傾向にあるのですから、問題集が主体となるような指導・学習は避け、あくまでも補助的な使用にとどめるべきでしょう。

英作文は中学英文法の応用力が必要となる問題形式

1）和文英訳

　さて、中学英文法の応用力が最も必要になる問題形式として、英作文問題があります。第3章ではあまり扱うことができませんでしたので、次で紹介します。

まず、例1のようないわゆる「和文英訳」は、出題する大学の数が減少していますが、現在でも国立大学を中心にそれなりの数の大学で出題されています。

例1 ● 和文英訳問題

> 次の文章を読み、下線部（A），（B）を英語に訳しなさい。
>
> (A)日本語の作家になる前に，ぼくはアメリカで日本文学を研究していた。日本語の書き手になる前に，まずは日本語の読み手だった。そして読んだ日本語で感動をおぼえると，それを英語に翻訳することもあった。
> （以下略）
>
> （リービ英雄『英語で読む万葉集』より）
> （2014年度 東北大学 大問4）

判断結果 ▶ 解答可能（①）
※①：高校レベルの文法知識を含まない問題

この問題に対して、大学入試シリーズ2015年版『東北大学（文系）』（教学社）では、解答例として次の2例が示されていました。

> 〈解答例1〉
> Before I became a Japanese language author, I was studying Japanese literature in America. Before I learned to write in Japanese, I was, at the very beginning, a reader of Japanese. And when I was deeply moved by what I read in Japanese, I sometimes translated it into English.
>
> 〈解答例2〉
> Before I started to write books in Japanese, I was making a study of Japanese literature in the United States. At first, I was not a writer but a reader of Japanese books, and I sometimes translated into English what I read in Japanese when I was deeply impressed by it.
>
> 『東北大学（文系）』(2015 教学社)

解答例1、2には高校で習う関係代名詞whatが含まれていますが、アルク調査ではwhatを使わなくても書けるものとして、中学レベルの文法知識で解ける問題と判断されています。実際、Benesseマナビジョンというウェブサイトには、「中学までの知識で解ける！ 大学入試問題」というページでこの問題が取り上げられており、「中3レベルの解答例」として以下のような英文が掲載されています。

> Before I became a writer and wrote in Japanese, I was studying Japanese books in America. Before I began to write in Japanese, I was a reader of Japanese. When I was happy to read Japanese books, I sometimes wrote them in English.
>
> 「中学までの知識で解ける！ 大学入試問題」(2015 Benesseマナビジョン)

　なお、この問題については、東北大学の講評(『平成26年度 一般選抜入学試験 個別学力試験 出題意図』)の中に興味深い記述がありましたので、以下に引用します。

> 下線部(A)「日本語の作家になる前に、ぼくはアメリカで日本文学を研究していた。日本語の書き手になる前に、まずは日本語の読み手だった。そして読んだ日本語で感動をおぼえると、それを英語に翻訳することもあった」を英語に訳す問題です。日本語の3つの文それぞれの複文構造をとらえ適切な接続詞を用いて表現することができるか、日本語にはない主語を補うなど英文として適切な構造の文を書くことができるか、「読んだ日本語で感動をおぼえる」などの言い回しを英語で適切に表現できるか、などがポイントでした。語彙、構文ともに基本的な和文英訳だったと思われますが、よくできた答案はほとんどありませんでした。時制や代名詞が不適切である、語彙が乏しく綴りも正しく書けない、などが多くの答案に共通して見られた誤りで、基本的とも言える部分での誤りが多いのは残念でした。
>
> 「平成26年度 一般選抜入学試験 個別学力試験 出題意図」(2014 東北大学)

　この講評を読む限り、必ずしも関係代名詞のwhatを使うことがポイントとい

うわけではないことがわかります。さらに注目すべきは、「語彙、構文ともに基本的な和文英訳だったと思われますが、よくできた答案はほとんどありませんでした。時制や代名詞が不適切である、語彙が乏しく綴りも正しく書けない、などが多くの答案に共通して見られた誤りで、基本的とも言える部分での誤りが多いのは残念でした」という部分です。この記述を見ると、高校レベルの文法どころか、中学レベルの文法事項でさえもきちんと使いこなせていない受験生が多いことがわかります。語彙に関しても、少なくとも先に引用した解答例には、それほど難しいものは含まれていません。

和文英訳では、自分が使える英語で書けるように日本語を言い換えること、いわゆる「和文和訳」なども必要になりますが、言い換えた日本語を適切な英文で表現するためには、中学レベルの基本的な文法や語彙がしっかりと定着していなければならないことが、これらのことからもおわかりいただけるでしょう。

２）条件英作文・自由英作文　その１

出題が減少した和文英訳問題に代わって出題が増加しているのが、次のような条件英作文・自由英作文問題です。東京大学や一橋大学などの国立大学をはじめとして、早稲田大学や慶應義塾大学などの私立大学でも、一部の学部の入試問題で出題が見られます。

例２ ● 条件英作文・自由英作文（テーマ作文）

Write 120 to 150 words of English about one of the topics below. Indicate the number of the topic you have chosen. Also, indicate the number of words you have written at the end of the composition.

1　Tokyo is not representative of Japanese culture. Do you agree or disagree?
2　Is technology making human beings more intelligent or less intelligent? Why?
3　Explain how you think the world will be in the year 3000.

（2012年度　一橋大学　大問４）

判断結果 ▶ **解答可能(①)**

　この問題も、今回のアルク調査では、中学英文法の知識で解答できると判断されているもののひとつです。一例として、1のテーマを選んだ場合の中学レベルの文法知識のみを含んだ解答例を示しておきます。

　I think Japanese culture is a mix of traditional and modern things. Therefore, I disagree that Tokyo is not representative of Japanese culture.
　In Tokyo, you can see all the traditional elements of Japanese culture. For example, in spring, you can see people who are enjoying parties under the cherry blossoms. Then in May, you can see carp flags which are flying for Boys' Day. You can find hundreds of old temples around Tokyo, too.
　However, these traditional things are not separate from modern life. These days, people under the cherry trees take photos of the blossoms with their smartphones. The monks of the temples use their IC cards to get on the subway. And on Boys' Day, the boys are likely to be playing video games or reading the latest manga.
　This mix of old and new shows that Tokyo is representative of Japanese culture.
(146 words)

(解答例はアルクが独自に作成)

　市販の過去問題集に掲載されている自由英作文の解答例を見てみると、高校レベルの文法を使った解答も見られます。しかし、たいていは同じ内容を中学レベルの文法で表現できるものであり、ほとんどの自由英作文問題は、解答を作成するに当たって高校レベルの文法は必要ありません。設問文に仮定法が使われている問題など、明らかに高校レベルの文法知識を要求している問題もありますが、ごく一部です。
　他方で、一橋大学のような自由英作文の問題に解答するためには、書くための「ネタ」になる背景知識などが欠かせません。また、書きたい内容を適切な英文で表すためには、中学英文法の正確な知識や、テーマに関連する語句を使いこなすための語彙力なども、必要となってくるでしょう。

3) 条件英作文・自由英作文　その2

　もうひとつ例を紹介します。条件英作文・自由英作文問題にはさまざまなタイプのものがありますが、写真に写っている2人の会話を想像し、完成させるという問題が、東京大学の入試問題で出題されています。

　なお、本書では写真の内容をイラストで再現したものを掲載しますが、実物のテスト冊子には、撮影された写真が掲載されていることを、お断りしておきます。

例3 ● 条件英作文・自由英作文の例（会話の作成）

(A) 下に示す写真（原文ママ）の左側の人物をX，右側の人物をYとして，二人のあいだの会話を自由に想像し，英語で書け。分量は全体で50〜70語程度とする。どちらが話しているかわかるように，下記のように記せ。XとYのどちらから始めてもよいし，それぞれ何度発言してもよい。

X：＿＿＿＿＿＿＿＿＿＿　Y：＿＿＿＿＿＿＿＿＿＿

X：＿＿＿＿＿＿＿＿＿＿　Y：＿＿＿＿＿＿＿＿＿＿

（2014年度 東京大学 大問2）

　こちらも、中学レベルの文法知識で解答を作成した例を示しておきましょう。

〈解答例1〉

X: I'm thirsty. Do you want to buy a drink?
Y: Yes, I do. I think I will get a sports drink. Oh, I don't have enough money.
X: I can lend you some money. How much do you need?
Y: The sports drinks are 160 yen each. Can you lend me 50 yen? I'll pay you back tomorrow.

〈解答例2〉

X: Leo, I'm thirsty. Let's buy a drink.
Y: That's a good idea. I'm going to buy a sports drink. I want to get something for Rufus as well.
X: I think I'll have a sports drink, too. What will you get for Rufus?
Y: I think he wants a sports drink as well, but I'm just going to buy him some water.

(解答例はアルクが独自に作成)

　このようなタイプの問題に対しても、高校英文法を使わずに、中学英文法を使うだけで解答が可能です。一方、場面に応じた適切な発話を作成するため、中学レベルの文法や会話表現などの知識を活用する力が必要となってきます。

近年の大学入試問題を解くのに必要な力

　東京大学のウェブサイトには、「高等学校段階までの学習で身につけてほしいこと」として、以下のような文言が掲載されています(2015年8月時点)。

> 同様の場(＝知的内容のあるコミュニケーションが交わされる場［引用者注］)において，自分の述べたいことを正しく英語で表現できる発信力が不可欠なこともまた明らかです。英作文の問題が出されるのはこのためであり，現在，「話す」能力の試験を課すことができないのはもっぱら技術的な理由によります。
> 　　　　「高等学校段階までの学習で身につけてほしいこと」(2015 東京大学)

これまで、条件英作文・自由英作文に解答するために必要な力をいくつか述べてきましたが、これらの力は東京大学のウェブサイトにおいて、「発信力」と表現されています。前述の例3の会話を作成する問題などは、その「発信力」を問う問題の一例と言えます。この問題によって、「技術的な理由」により課すことができない、「『話す』能力」を間接的に問うことを試みているとも考えられます。

　以上のように、形式はさまざまであるものの、近年の大学入試では、「発信力」が特に必要となる条件英作文や自由英作文の出題が増えています。アルク調査では、このような問題も長文問題の設問(小問)ひとつや独立問題ひとつと同様、「1問」としてカウントしていますが、記述量などを考えると、英作文は入試問題の中でかなり大きな配点を占めると想定されます。「発信力」をつけるための方法論等については割愛しますが、膨大な時間と労力が必要となることは否定できません。このことを踏まえると、高校の授業では、大学入試の数パーセントの問題でしか要求されない高校レベルの文法知識を教えることよりも、「発信力」を身につけさせるためのトレーニングに多くの時間を割くほうが賢明なのではないでしょうか。

　また、先に引用した、東京大学のウェブサイトに掲載されている「高等学校段階までの学習で身につけてほしいこと」の中には、以下のような記述も見られます。

> 知的内容のあるコミュニケーションが交わされる場において、相手側の英語による発信を正しく理解する能力が必要不可欠であることは言うまでもないでしょう。読解・聴解を含めた受信力を問う問題が出題されるのはそのためです。
>
> 「高等学校段階までの学習で身につけてほしいこと」(2015 東京大学)

　さらに、このページでは、「英語による受信力」「英語による発信力」に加え、「批判的な思考力」が求められるとし、「こうした英語力を身につけるためには、発音・語彙・文法構造などの細部の把握と、論理構成の理解や文化的背景についての知識に裏打ちされた大局的な把握との両面での訓練が必要であり……」と述べられています。

条件英作文や自由英作文だけでなく、第3章で取り上げた要約問題や下線部説明問題なども、まさに、「論理構成の理解や文化的背景についての知識に裏打ちされた大局的な把握」が要求される「受信力を問う問題」のひとつと言えます。高校における授業が、「発音・語彙・文法構造などの細部の把握」の練習に偏ることのないように留意しなければならない、ということでしょう。

　東京大学の「高等学校段階までの学習で身につけてほしいこと」で述べられている「英語による受信力」「英語による発信力」「批判的な思考力」といった力は、東京大学に限らず、どの大学の入試問題を解くためにも必要な力です。もちろん、大学入学以降も重要な力であることは言うまでもありません。

　私立大学の入試問題においては、自由英作文や下線部説明問題、要約問題などはあまり出題されません。一方、「中学レベルの文法知識で解答できる問題」の割合は、91％と最も高くなっており、高校レベルの文法知識よりも、語彙力を問う問題が目立つ傾向にあります。

　アルク調査での結果を踏まえ、高校の授業においては、細かい文法知識の習得に時間を割き過ぎることなく、「英語による受信力・発信力」「批判的な思考力」や語彙力などをバランスよく身につけるためのトレーニングに、十分な時間を割きたいところです。

第6章
「大学入試神話」を越えて

Content

「大学入試神話」を越えて　金谷 憲　　130

「大学入試神話」を越えて

金谷 憲

効率の良い入試対策のために

アルク調査の結果を言い換えると、おおむね以下の2点になります。
1 中学英文法のみで解答できる大学入試問題は、調査対象問題の79％。
2 上記に付加的な努力（文脈や既知の文法ルールなどからの類推）で解答できる問題を加えると、その率は89％。

今回の調査結果が意味するところは、読んで字のごとく、中学英文法で大学入試問題のかなりの部分が解答可能であるということです。大学によって異なる部分もありますが、79％も解答可能ということは、これだけで合格点を取ることができるということを意味します。

それに加えて、第1章で紹介した大修館調査では、高校で新規に導入される文法（語法）で大学入試頻出のものは、調査63項目中14項目のみであり（7ページ参照）、ごく限られた数しかないということがわかっています。このことと今回のアルク調査の結果とを重ね合わせて考えてみると、高校で新規に導入する項目よりも、中学英文法および中学英語のマスター（定着）に時間と労力をかけたほうが、入試対策としては能率が良いということになります。

入試対策は楽ちん？

中学英文法および中学英語のマスター（定着）に時間と労力をかけたほうが、入試対策としては能率が良い、と述べました。これだけだと「大学入試なんか簡単、楽ちんだ」と、私たちが主張しているように感じる読者がおられるかもしれません。しかし、2つの調査の結果が意味するところは、そういうことではありません。

まず、アルク調査の前提を思い出してください。前提となっているのは、「試験問題に出る単語はすべて意味・用法がわかっていると仮定した場合」ということです。従って79％の問題に解答できるのは、語彙の理解に支障がひとつもない状況だった場合に限られています。語彙についてはあとで詳しく述べますが、「入試に出題される語彙でわからないものはひとつもない、という状態にする」ことは決して簡単なことではありません。相当の努力を必要とします。

中学英語の定着は容易か　〜The Possible Dream?〜

　そして、中学英文法のマスターです。第１章にも書いたとおり、私は、中学英文法をマスターするということを、*The Impossible Dream*（邦題：見果てぬ夢）ではないものの、だいぶ先にある夢だと考えています。

　中学英文法を単に知っているだけでは駄目です。マスターしていることがポイントです。この場合の「マスター」とは、４技能のいずれも文法規則をあまり意識することなく高速で処理することができる、という意味です。

　「能動態を受動態に直せ」「文の意味をあまり変えることなく文型を変えろ」などという、ある特定の文法知識の有無に焦点を当てた問題に答えるのでは、全く不十分です。大学入試では、このような文法問題が昨今激減していることはすでに述べたとおりです。

　まとまった英文を限られた時間で書く、準備をせずにその場で30秒、１分といった時間、英語を話すことができる、中学で習った範囲であれば150wpm（*1）程度のスピードで話される英語を聞いて理解するのにほとんど困難を感じない、中学程度の英文ならば、母語で同じ内容を読むときとさほど違わないスピードで英文を読んで理解できる、中学英文法を自由自在に操って文を組み立てられる、などの状態が、「マスターしている」という状態だと言えるでしょう。

（*1）wpm：words per minuteのこと。英語学習では、文を読む速さを測る単位として用いられ、１分に読める語数を示す。

しかも入試で自由英作文に取り組む場合には、日常生活で言葉を使うときと同様、いろいろな文法を織り混ぜて使わなければなりません。100〜150語で作文させる大学もありますが、そのような場合、出題者が特定のルールや表現を使えるかどうかを試そうとしていることはまれでしょう。まとまった文章を限られた時間内に書く能力を試している、ということのほうがずっと多いと思います。ということは、複数の文法をスムーズに使いこなすことができなければなりません。

　この点について、中学と高校での指導を考えてみましょう。例えば中学で英語を習うときは、文法事項がひとつひとつターゲットとして掲げられ、それぞれを１授業時間かけて学ぶことが多いです。学年が進んで高校生になると、重要な文法事項が１文にふたつ以上現れることが多くなります。
　例えば次の例文を見てください。

The man who came with the message was killed by the person who received it.

　この文は、関係代名詞whoがふたつ使われている受動態の文です。関係代名詞も受動態も中学で習う文法です。しかしすでに述べたように、中学では通常、１文にふたつ以上の関係詞を含む文を扱いません。また、受動態はそれ自体がひとつのターゲットとなりやすく、受動態の文の作り方、否定文や疑問文にする方法などを、複数時間かけて教わるのが普通です。

　さらに中学と高校では、文の長さにもずいぶん差があります。高校では、文中の句の長さがどんどん長くなり、それゆえ１文の長さも長くなっていきます。例えば、中１の教科書に登場する英文の主語は、１語から成り立つものが圧倒的多数で、２語となるとガクッと出現頻度は下がります。主語になる名詞句で最長10語ぐらいのものはありますが、例外的です。一方、高校の教科書となると、長い句が主語になる英文は、初期段階から登場します。試しに、高校の教科書

Crown Communication English I（平成24年度 三省堂）を見てみましょう。宇宙飛行士の若田光一さんを取りあげた *Going into Space*（Lesson 1）から引用します。

Astronauts from different countries ate together every day.
Eating without the help of gravity is a problem.

　最初の文の主語Astronauts from different countriesは4語、2文目の主語Eating without the help of gravityは6語から成り立っています。

　さらに、同じLesson 1の中にはOptional Readingというリーディングのセクションがあり、若田さんからのメッセージが収録されていますが、その書き出しは以下のようになっています。

Although we live on the Japanese islands, we cannot deny the global connection that our country has with so many other regions on this earth.

　主語はweと1語ですが、問題はthe global connection ...の箇所です。the global connection that our country has with so many other regions on this earthがひとつの句になっています。関係代名詞節による後置修飾ですので、中学で習う文法事項です。この句は15語から成り立っています。この教科書を採用した場合、生徒は中学校を卒業したばかりのLesson 1で、このような長い句や文に出合うことになります。

　つまり、中学英語をマスターするということは、文の長さや、複数の文法事項を用いる文の複雑性を乗り越えるという、はるかに高いハードルであることがわかります。中学英語のマスターが、高校において目指すに十分に値する、難しい課題であることが、ご理解いただけたかと思います。

第6章　「大学入試神話」を越えて　　133

アルク調査から導き出せる入試対策とは

　従って、「全力を挙げて中学英語と語彙の習得に励む」ということが、本書で提案したい入試対策です。この目標は、高校1年生が4月の入学時からゴールデンウィーク明けまで、いわゆる中学とのブリッジ教材を使って復習したぐらいで到達できるような、生やさしいものではありません。少なくとも高校1年生の1年間、あるいは高校生活の半分ぐらいを使って実現できればかなり学習が成功するだろうというレベルの話をしているのだ、ということをご承知ください。
　一般に「中学英語」と聞くと、教師はレベルの低いもののように考えがちです。それは単に、穴埋め問題ができるとか、書き換えができるといった単純なタスクを考えるからなのです。もしかすると教師ですら、実は中学英語がマスターできていないことがあるかもしれません。

高校英語教育の目的が異なる場合のお断り

　ここで、私たちの英語教育の目的について、お断りをしておきたいことがあります。私たちが中学英語の重要性を説くと、「英語の勉強をやさしくしようとしているのではないか」と受け止められる方が必ずいます。しかし、断じてそのようなことを主張しているのではありません。先にも述べたように、「中学英文法を自由自在に操れるようにする」という目的は、教師にとっても生徒にとってもかなりレベルの高いものです。広く語彙を身につけさせるのも同様に、大変難しい課題です。

　この点が理解された上でも、高校の英語授業で中学英語の定着を目指すことに反対する教師がいます。理由は多分、英語教育の目的の違いにあるのだと思います。そうした教師は、高校英語教育の目的は英語力を身につけることではなく、

英語をとおして「頭の体操」をすることにあると考えているのでしょう。その昔、ヨーロッパで人々にラテン語を勉強させたように、日本人にも英語を勉強させるのだとする考え方です。ラテン語は文系の数学であるとされ、生徒たちの頭脳を鍛えるのに役立つとされていました。こうした立場を取る教師にとっては、難解な文章の構造をひもといて分析していくような「解読」が大切で、大量の英文を読む「読解」や、何度も声に出すスキル訓練などは大切ではないのでしょう。

　そうした考えの教師に、私はふたつのことを言いたいと思います。ひとつ目は、たくさん読んだり繰り返し声に出したりといった英語のスキル訓練を、定着へ向けて努力することは、相当に高度な「頭の体操」になる、ということです。繰り返し主張しているように、中学英文法をマスターするのは大変な知的トレーニングと言えます。
　ふたつ目は、英語の学習に「解読」が必要と考えたとしても、年がら年中、高1から高3までこのような活動に費やす必要はない、ということです。授業の一部にたくさん読んだり繰り返し声に出したりする練習を取り入れることは可能ですから、それに特化した時間をある程度設けつつ、並行してスキル訓練を行うことは十分に実行できることです。

語彙の習得について──教科書語彙でどのくらい入試問題に解答できるか

1) 大修館調査で行われた教科書語彙調査の概要

それから、語彙についてもふれておかなければなりません。語彙については、第1章で取りあげた『教科書だけで大学入試は突破できる』(金谷憲[編著] 2009 大修館書店)ですでに調査が行われていますので、一部紹介しましょう。

この本で報告されている調査のうち、「語彙編」の章では、教科書語彙のみでどのくらい大学入試問題に正しく解答できるかを、実際に試しています。アルク調査の目的は、「中学英文法に限った場合、どのくらいの問題に解答できるのか」ということですが、こちらの大修館調査は、「教科書語彙に限った場合、どのくらいの問題に解答できるのか」を調べたものです。大修館調査はアルク調査のちょうど逆さまで、「語彙以外のことはすべてわかっている」と仮定し、教科書の掲載以外の語彙はわからない、という前提条件で調査しました。

調査方法や内容の詳細はあとで説明することにして、この教科書語彙調査の結果を引用してみましょう。結果は、次の表1、表2のようになります。

表1 ● 大学別カバー率

大学名	総語数	黒塗語数	カバー率
慶應	10924	586	94.6
早稲田	15400	778	94.9
中央	4183	135	96.8
駒澤	785	18	97.7
青山	1597	70	95.6
東洋	1508	49	96.8
立教	2312	78	96.6
一橋	1052	37	96.5

九州	1374	46	96.7
東京	2754	86	96.9
東北	2143	99	95.4
名古屋	1106	73	93.4
京都	1055	60	94.3
大阪	983	66	93.3
東京工業	1331	77	94.2
北海道	2612	96	96.3
センター	3365	94	97.2
センター・リスニング	1138	5	99.6

表2 ● 解答可能率

大学名	学部	解答可能率（%）	大学の平均（%）
慶應	経済	68.0	67.0
	文学	75.6	
	法学	80.0	
	理工	44.5	
早稲田	教育	57.0	78.0
	政治経済	84.0	
	第一文学	85.0	
	理工	86.0	
中央	経済	89.0	87.0
	法学	85.0	
駒澤	文・法・仏・教・医療健康	100.0	
青山	文学	78.5	
東洋	文・国際地域・経営	94.0	
立教	文学	100.0	
一橋		73.0	
九州		80.3	
東京		99.5	
東北		82.4	
名古屋		84.8	
京都		55.5	

第6章 「大学入試神話」を越えて

大阪		64.5	
東京工業		65.3	
北海道		80.8	
センター記述		86.0	

いずれも『教科書だけで大学入試は突破できる』(金谷憲 [編著] 2009 大修館書店)

　このふたつの表を使って、この調査の結果について解説していきます。表1の「カバー率」とは、単純に問題文に入っている語彙の中に教科書に載っている語彙がどのくらい含まれているかを割合で示したものです。例えば、カバー率が50％であれば、入試問題の半分の語彙は教科書に載っていて、あと半分は載っていないという意味になります。100％なら、入試問題の語彙で教科書に載っていないものはひとつもないことを、示しています。

　これに対し、表2の「解答可能率」とは、問題に解答するに当たって必要な語彙における、教科書語彙の割合を表しています。カバー率が95％だった場合、教科書に載っていない語彙（未知語）がたった5％だったとしても、その5％が解答するために必要なキーワードであれば、教科書語彙の解答可能率は大きく下がります。

　例えば、早稲田大学全体のカバー率は、94.9％ですが、教育学部の解答可能率は57％しかありません。こうしたギャップの原因は詳細に調べてみないとわからないと思いますが、このように、カバー率が高くても解答するに当たって教科書掲載以外の語彙が必要、という現象が起こることもあります。

　逆に、教科書に載っていない語彙（未知語）がたくさんあっても、解答を導くには不必要なものばかりであれば、教科書語彙の解答可能率は上がります。カバー率が80％程度であっても、解答可能率は100％ということがあり得るわけです。

　例えば、立教大学のカバー率は96.6％ですが、解答可能率は100％となっています。カバー率96.6％ということは、この大学の入試問題に、未知語が3.4％含

まれているということです。しかし、解答可能率は100％なのですから、この3.4％の語彙は解答するのには関係がないということを意味します。

「解答するのには関係がない」というのはどういうことかを説明すると、この調査の語彙は、長文問題なら長文本文と問題の指示文、すべてに含まれている語を扱っています。従って、長文本文の中に直接問題として問われない部分の語彙が含まれている場合もありますし、問題の指示文中に未知語があったとしても文章の前後関係などから意味を推測して解答できる場合もあり、解答の可能性に影響を及ぼさない語が含まれている、ということです。

全体としては、調査した大学の75％において、平均して教科書語彙で解答可能な率は70％を超えています。ほかのことがすべてわかっているとすると、表1、表2にある大学の入試問題では、100点満点で70点以上は取れるということになるのです。

平均的に言うと上記のような結果ではありますが、少数ではあるものの解答可能率の低い大学もあります。先ほど挙げた早稲田大学教育学部であるとか、京都大学、一橋大学、大阪大学、東京工業大学などです。教科書の語彙だけで解答できるものが入試問題の半分よりも少し高いレベル（60％前後）になっています。これらの大学を目指す受験生は、こと語彙に関する限り、出題傾向などについて特別の研究と準備が必要になる、ということでしょう。

2）大修館調査補足：教科書語彙のデータベース化について

いきなり結果から入りましたが、この結果はどのような手順によって得られたかを紹介しておきましょう。

「教科書語彙」という言葉を使っていますが、高校の検定教科書はかなりの数に及び、難易度などもかなり異なっています。ですから、どの教科書を調査に使っ

たかを明らかにしておくことが必要です。

　この調査で扱った教科書は以下のとおりです。この調査は、旧課程での調査なので、Oral Communication、Reading、Writingといった科目が見られます。

- *Departure Oral Communication I, Revised Edition*（平成19年度　岡秀夫ほか　大修館書店）
- *Genius English I Revised*（平成19年度　米山朝二ほか　大修館書店）
- *Genius English II Revised*（平成19年度　米山朝二ほか　大修館書店）
- *Genius English Readings Revised*（平成20年度　岡田伸夫ほか　大修館書店）
- *Genius English Writing Revised*（平成20年度　佐野正之ほか　大修館書店）

　高校の教科書については以上ですが、オーラル・コミュニケーションの教科書はCDなどの音源に本文や問題文が入っていることが多いので、印刷物の教科書に入っている語彙などはごく少量です。メインは「英語Ⅰ」、「英語Ⅱ」、「Reading」の教科書だと考えて差しつかえないでしょう。

　教科書語彙でどのくらい入試問題をカバーしているかを考える上で、もうひとつ考えなければならないソースがあります。それは「中学で習った語彙」です。高校の教科書では、中学で扱っていると思われる語彙は新出語彙という扱いをしないのが普通です。中学語彙を含めずに入試問題と比較を行うと、調査結果にかなりの誤差が生じてしまいます。

　ご承知のとおり、中学の検定教科書は調査の段階で6種類あります。特定の中学校1校からしか進学してこない高校というのは、大学の附属高校、中高一貫校などを除けばかなり例外的でしょう。従って、高校生ひとりひとりの単位で見た場合は、この6種類の教科書のうち、卒業した中学が採択している教科書1種類で習ってきたはずです。しかし、調査では、そのうちのどれを使ったかはわかりません。そこでこの調査では、6種類の検定教科書にある単語の総和をデータベー

ス化して使っています。ですから、高校生ひとりひとりを見た場合より多くの語彙が含まれることになります。

　以上のことから、この調査では中学検定教科書語彙（2803語）とGenius英語I、II、ReadingプラスOCなどを併せた語彙（4216語）を「教科書語彙」として、入試問題の判断材料に使用しています（表3参照）。

表3 ● 教科書語彙

	中学教科書	高校教科書	計
異なり語数	2803語	4216語	7019語

『教科書だけで大学入試は突破できる』（金谷憲［編著］2009 大修館書店）

3） 大修館調査補足：黒塗り読解作業〜解答可否判断

　さて、これらの語彙データベースを使って、実際に入試問題に解答していきました。ここでは、一部を例に挙げて説明します。ここですべてをご紹介する紙面がありませんが、『教科書だけで大学入試は突破できる』（金谷憲［編著］2009 大修館書店）には、実際に行った作業が詳しく解説されています。詳細についてはそちらの本を参照してください。

　解答可能率の高い大学の例をひとつだけ挙げます。2007年の立教大学文学部です。解答可能率は100％です。「黒塗り」の実態を見てください。

次の文を読み、下記の設問A・Bに答えよ。解答は所定欄にしるせ。
　A student once told me that neither she nor her brother ever cried. Well, she said, perhaps when we were very young, but neither could remember having cried in the last fifteen years. They were therefore anxious about going

to their grandmother's funeral, afraid that if they didn't cry there they would be seen as cold and uncaring. Although both had long felt awkward about their lack of tears, the woman had been criticized for it, had been called cold and heartless, while her brother had been congratulated for his self-control. Much to her relief, she managed to cry at the funeral after all, but continues to feel unfairly rejected by a culture that criticizes her for her lack of ready tears.

(2007年度 立教大学 大問1)

　実際の本文はあと4つ段落のある長文ですが、最初の段落までを載せてみました。先に挙げた教科書語彙の中に含まれていない単語を本文中に見つけて、上のとおり黒塗りをして判読ができないようにします。解答のプロセスを示すために薄い色で塗っていますが、実際の調査は黒塗りです。そうした上で、実際の問題に解答できるかどうか試してみます。すでに述べたように「語彙以外のことはすべてわかっている」というのが前提です。文法語法に関する知識、本文の前後関係からの推測などはできると考えて、黒塗り本文を読んでいくことになります。

　この段落では、funeral、uncaring、awkward、heartless、congratulate、rejectなどが、教科書語彙のデータベース以外の語彙として黒塗りの対象になります。

　この段落に関連する設問は次のようになっています。

A. 次の問1～7それぞれの答えとしてもっとも適当なものを、各イ～ニから1つずつ選び、その記号をマークせよ。
1. Why was the student worried about going to her grandmother's funeral?
　イ. She did not know the funeral customs.

> ロ．She had to be absent from school because of the funeral.
> ハ．She thought that people would see her as unfeeling.
> ニ．She was not very close to her grandmother.
>
> (2007年度 立教大学 大問1)

　第1問は、教科書語彙調査では解答可能と判断されました。どのようなプロセスを経てそう判断されたのか、ちょっと長くなりますが、解説をそのまま引用してみましょう。

> 【解答へのプロセス】
> 設問、および選択肢のなかで、funeralが黒塗り語である。設問では、「その学生が祖母の○○に参列することを心配していた理由」が問われている。
> 　イ〜ニのそれぞれの意味は、以下のとおりである。
> 　　イ．彼女は○○の習慣を知らなかった（から）。
> 　　ロ．彼女は○○のために学校を休まなければならなかった（から）。
> 　　ハ．人々が自分のことを冷たい人間だと見なすだろうと彼女は思っていた（から）。
> 　　ニ．彼女は祖母とあまり親しくなかった（から）。
>
> 　本文中の第1段落に、They were therefore anxious about going to their grandmother's funeral, afraid that if they didn't cry there they would be seen as cold and uncaring.「だから彼らは、祖母の○○に参列することを心配していた。もしその場で泣かなければ、冷淡で、○○だと、見なされるのではないかと思っていた。」という記述が見られる。uncaringは黒塗り語だが、coldとuncaringはandで結ばれており、2つの語は相対する意味では

ないと推測がつく。この記述は、ハ.「人々が自分のことを冷たい人間だと見なすだろうと彼女は思っていた（から）。」という箇所と合致すると考えられる。したがって、ハが正解である。funeralは黒塗り語であるが、「彼らが祖母の〇〇に参列することを心配しており、その理由がafraid that以下で述べられていること」は明らかである。funeralの意味が分からなくても、正解を選ぶことができる。イ、ロ、ニの内容は本文には書かれていない。
【解答できるかどうか】
解答可能と判断できる（○）

『教科書だけで大学入試は突破できる』（金谷憲［編著］2009 大修館書店）

このようなプロセスで解答可能と判断されたわけです。

もうひとつ、解答可能率の低い大学の例を挙げ、解答不可能と判断されたプロセスを示しておきましょう。

解答可能率の一番低かった大学は、調査対象の中では、先ほど挙げた早稲田大学教育学部の2007年度の入試です。

【1】次の英文を読み、設問1〜10に答えよ。

　It has long been believed that long-distance walking played an important role in the evolution of mankind. Many of the features that distinguish the various species of Homo are useful for walking: long legs, narrower waists, shorter toes. Now Dennis M. Bramble, a biologist at the University of Utah, and Daniel E. Lieberman, an anthropologist at Harvard University, claim that running also played an important role in shaping our species.

If you have ever chased a cat that is trying to avoid a bath, you have every right to conclude that, for our size, we humans are pretty poor runners. Chasing a cat, however, is sprinting. Where we excel is endurance running. Moreover, we run long distances at fast speeds: many joggers do a mile in seven and a half minutes, and top male marathon runners can string five-minute miles together for more than two hours. A jogger could keep up with the trotting speed of a thousand-pound horse. Good endurance runners are rare among animals. Although humans share the ability with some other groups, such as wolves and dogs, hyenas, and horses, we alone among primates can run long distances [A].

　What evidence can support the idea that endurance running by itself gave early humans an evolutionary advantage? Many traits, after all, are useful for walking [B] running, such as long legs and the long stride they enable. Running and walking, however, are mechanically different. A walking person is aided by gravity, with his hip swinging over the planted foot. In contrast, a runner bounces along, aided by tendons and ligaments that act as springs, which alternately store and release energy.

(2007年度 早稲田大学 大問1)

次の設問5については、解答不可能と判断されています。

5．下線部(3)の内容を表すものとして最も適したものをa〜dから一つ選べ。
　　a. at a distance　　b. at the same time
　　c. by far　　　　　d. in turn

(2007年度 早稲田大学 大問1)

どのようなプロセスを経てこのように判断されたかを、ここでも原文のまま引用いたします。

【解答へのプロセス】
　（3）alternatelyが黒塗り語であるので、正解を得るためには、推測するしかない。alternatelyを含む文は、In contrast, a runner bounces along, aided by tendons and ligaments that act as springs, which (3) alternately store and release energy.「それに対して、腱や靭帯（じんたい）は○○にエネルギーを蓄え放出するバネの働きをはたしてくれるおかげで、人は○○する。」という意味である。alternatelyの意味に加え、この文の動詞bounceの意味も不明である。alternatelyの直後にはstore「貯める」とrelease「放出する」がある。これら二つの語が対比される行為であることに注目して、正解であるd. in turn「かわるがわる」を選ぶ受験生もいるであろうが、すべての受験生がこのような推測が出来るとは言い難いと考えられる。
【解答できるかどうか】
　解答不能と判断できる。（×）

『教科書だけで大学入試は突破できる』（金谷憲［編著］2009 大修館書店）

　以上、解答可能と判断された例、解答不可能になった例をひとつずつ挙げました。判断作業のイメージはおわかりいただけたと思います。このような過程を経て、導き出されたものが137ページの表2「解答可能率」です。

４）「語彙が全部わかっている」は夢ではない

　これまで紹介してきた、大修館調査における教科書語彙調査の結果を見ると、

入試問題の中で、教科書語彙のみでカバーしている率（カバー率）は平均して95％程度です。解答可能率は調査対象の4大学に3大学は70％を超えており、東大を含む15大学では80％を超えていることがわかりました。
　この結果から見えてきたことは、「語彙は全部わかっている」ということは、決して実現不可能なことではない、ということです。実際に表1によると、調査したすべての大学でカバー率は90％を超えています。センターリスニングで99.6％、センター試験で97.2％など、ほぼ100％というカバー率になっています。
　もちろんこの調査に使われた教材群にのみ基づいた話ですが、この語彙調査で示されているカバー率や解答可能率は、教科書語彙であって、単語集などの副教材を含んでいません。教科書だけの語彙であってもこれだけのカバー率、解答可能率になるということを示しているのです。

　もし、カバー率や解答可能率が軒並み20％〜30％という割合だったら、「語彙は全部わかる」状態までもっていくのは至難の業です。しかし、ここで示されているように、実際の入試に出題される語彙と教科書語彙とを比べた場合、90％以上のカバー率で平均70％を超える解答可能率であることがわかったわけです。ですから、足りない部分を補うのは気の遠くなるような作業ではありません。「語彙は100％わかっている」という状態も全くの夢物語というわけではないのです。語彙は100％大丈夫というのがアルク調査の前提ですが、その前提を満たすことも、十分現実味を帯びてくると言えるでしょう。
　アルク調査と大修館調査のふたつから見えてきたことは、高校の教科書語彙をマスターし、中学英文法をマスターすれば、満点は取れなくても（一般的に、合格のために満点を取る必要はありませんが）、合格点には十分達することができるということです。
　もちろん、これはあくまで基本路線です。個々の志望校によって足りない点があれば、高3で純粋な受験勉強として、足りていない点を補うのがよいでしょう。

高校で中学英文法の定着を実現する具体策

　中学英文法が大切であるとして、では、現実にどうやって中学英文法の力を固めればよいのでしょうか。最後に、いくつかアイデアを提言したいと思います。

　本来ならば、学校英語教育のコンセプトから変えていかなければならないわけです。現在の教育課程の背景となっている考え方は、「導入中心主義」だと言っていいと思います。つまり、「いつ、何を導入するか」、その際、「どのように指導するのが適切か」を設定しているのが現在の学習指導要領です。ここに「定着」という新たな軸を作って、全体のカリキュラムを構想し直す必要があります。しかし、これは教師ひとりひとりができることではありません。このことはあとで述べることにして、まずできることから取りかかってみましょう。

① 「コミュニケーション英語基礎」を利用する

　現在の教育課程で考えられることからはじめてみましょう。現行の教育課程の下で、高校英語科の科目構成で考えられるのは、「コミュニケーション英語基礎」を利用することです。コミュニケーション系科目は基礎、Ⅰ、Ⅱ、Ⅲの4科目となっています。必修は「コミュニケーション英語Ⅰ」のみですから、「コミュニケーション英語基礎」からはじめても構わないことになります。この科目は、中学からの橋渡しとして設定されたものですから、これを利用しない手はないでしょう。この科目を高校英語に入る前の段階、いわば階段の踊り場のように位置づけて、中学英語の定着を図るという方法があります。これに加えて、例えば中学検定教科書などの中学教材を副教材として使う、という手も考えられます。

　「コミュニケーション英語基礎」は、自分たちの高校で使うような教科書ではない、と進学校などでは認識されがちです。しかし何度も説明しているように、

中学英文法の定着が一番大切な点であるわけですから、見た目が簡単でも中学英文法をマスターするにはなかなか骨のある教科書だと言えるでしょう。

② 新出事項の解説に時間をかけない

　さまざまな理由から「コミュニケーション英語基礎」を採択できない高校なら、「コミュニケーション英語Ⅰ」からはじめるわけですが、その際に指導の力点を変えることも考えてよいでしょう。

　高校の読解授業を見ていると、新出事項の解説などに多くの時間をかけて、それまでに習ったことで理解できる部分にはあまり重点を置かない傾向にあります。

　しかし、その優先順位を逆にしてはどうでしょうか。新出事項はサラッと内容をとるための必要最小限に留め、新出事項をできるだけ省いたeasy versionの英文を使って授業の主流を作る、というやり方です。例えば、定期考査でも新出事項の理解や使用を中心とするのではなく、新出事項は理解に留め、それにプラスして、既習事項は「使用」できるようになるまでを要求します。そのほうが生徒たちにとっては何が大切なのかが理解できるようになり、良い効果が期待できると思います。

③ 夏休み、冬休みなどの講習を利用する

　定着を図るための時間が、通常の学期中の授業で作れない場合は、夏休みや冬休みなどに行われる講習などを利用することもできます。休み中の講習では、たいていの場合、教科書とは別の教材を採用しているでしょう。この際、先に進むことばかり考えずに、講習用の教材を中学復習用のものにするとか、通常使っている教科書を用いて復習発展を図る講習にするといった手だてが考えられます。

　休暇中の講習は、一部の希望者のみを対象とする場合もありますが、生徒全員が参加する形で講習を必ず行っている高校も少なくありません。希望者のみの場

合は、本当に講習を必要とする生徒が受講するとは限らないこともあり、ちょっとやりづらい点もあるのですが、全員を対象とする場合は、講習を復習定着の場にすることができます。

　実際にこのような取り組みをしているのは、山形県立山形西高等学校です。次で扱いますが、山形西では、「山形スピークアウト方式」という試みを、夏休みに取り入れています。この考え方を生かすというのは、手だてとして有望だと思います。

④　複数回教科書を活用する「山形スピークアウト方式」

　休暇中の講習でも復習発展で基礎英語の定着を図ることはできますが、もっと本格的に繰り返しの復習を授業に組み込んだ取り組みが、山形スピークアウト方式です。山形県立鶴岡中央高等学校を中心として、これまで複数の高校で活動が続けられています。

　山形スピークアウト方式をはじめて取り入れた鶴岡中央では、「スピークアウト」という学校設定科目を別途設け、高校1年生で使用した教科書を高校2年生で復習し、発表活動まで持ち込むという活動を行いました（図1）。高校3年生でも高校2年生で使用した教科書を用いて、復習から発表活動まで進めるという同じ仕かけで行い、2年かけて定着を図る内容です。2009年にスタートしてから2014年までの6年間試みられています。

　6年取り組んだ大まかな結果としては、英語を「話す」「書く」ことに対する生徒たちの抵抗感がほとんど皆無になったことや、高校前半より後半に成績の伸びを記録する傾向が出ていることが挙げられます。また、必ず発表活動をさせるので、発表の目的に照らして重要な情報を教科書本文から探そうといった努力を自らするようになりました。詳しくは『高校英語教科書を2度使う！』（金谷憲［編著］2012 アルク）に報告されているので、興味のある方は参照してください。

図1 ● 鶴岡中央高等学校におけるスピークアウトの位置づけ

目標 ❈ 自分の意見・感想を英語で述べる

3年次	リーディング（3単位）		
	ライティング（2単位）		
	Speak OutⅡ（2単位）	1st Stage	英語Ⅱの内容定着 Oral Summary （英文の内容を英語で説明する）
		2nd Stage	トピックの関連知識を増やす、深める Speech、Role Play、Presentation、Skit、Debate

▲

2年次	英語Ⅱ（3単位）		
	ライティング（2単位）		
	Speak OutⅠ（2単位）	1st Stage	英語Ⅰの内容定着 Reproduction or Oral Summary （英文の内容を英語で説明する）
		2nd Stage	トピックの関連知識を増やす、深める Speech、Role Play、Presentation、Skit、Debate

▲

1年次	英語Ⅰ（3単位）
	オーラル・コミュニケーションⅠ（2単位）

『高校英語教科書を2度使う！』（金谷憲［編著］2012 アルク）

5） 一気に発表活動までもっていく「田名部モデル」

　山形スピークアウト方式は、インターバルをおいて以前に学んだレッスンを復習しつつ、発表活動までもっていく取り組みでしたが、インターバルをおかず一気に発表活動を行う授業実践を行っている高校もあります。青森県立田名部高校の授業モデル「田名部モデル」です。このモデルは、「コミュニケーション英語」の1レッスンに10時間以上を使い、生徒にいろいろな活動を集中的にさせることによって、定着を図ろうとするものです。

1レッスンに多くの時間を割り当てると、当然ながら、教科書のすべてのレッスンを終えることができなくなります。この問題を解消するために、田名部高校ではどのレッスンもすべて同じ重さで扱うのではなく、レッスンごとに軽重をつけて授業を行うことにしています。これが「田名部モデル」の特徴です。
　図2のように、「田名部モデル」ではレッスンを「こってりコース」と「あっさりコース」に分けています。先に述べたように、「こってりコース」は10時間以上をかけます。逆に「あっさりコース」は、2～4時間をかけ、軽く流します。

　「こってりコース」はさらに2コースに分かれ、「超こってりコース（Pattern A）」は15時間、「こってりコース（Pattern B）」は10時間のコースになります。「あっさりコース」もふたつに分かれ、「あっさりコース（Pattern C）」は4時間、「超あっさりコース（Pattern D）」は2時間で済ませるコースです。
　図2のように、「超こってり」と「こってり」の違いは、最後にインタビュー形式の"パフォーマンス"テストがつくか否かということになります。「あっさりコース」は、レッスン本文を1セクション1時間かけて主に音声で扱う「Pattern C（あっさり）」と、1レッスンすべての本文を一気に読む2時間コースの「Pattern D（超あっさり）」に分けられています。当然のことですが、A・B・C・D 4つのパターンは学年の担当者があらかじめ決めておき、授業を進めています。

　昔から「教科書を教える」のではなく、「教科書で教える」のだと言いますが、「定着」に向けて教科書の使い方をきちんと協議して決めて、授業に取り組んでいる田名部モデルは、「教科書で教える」良い例だと言えます。

図2 ● 田名部高校の授業モデル（田名部モデル）

TANABU Model 2014 メニュー

こってりコース	あっさりコース
Pattern A【超こってり】15時間 "パフォーマンス"テスト	Pattern C【あっさり】4時間 "リスニング"特化授業
Pattern B【こってり】10時間 ストーリー"リプロダクション"	Pattern D【超あっさり】2時間 "読解力"診断テスト

「全英連発表資料」（堤 2014 田名部高校）

⑥ 教科書のレベルを下げる

　中学英文法で大学入試にかなりの程度対応できることが示されたのですから、教科書のレベルを少し下げて、中学の復習定着を主な目的として授業を行うことも考えてよいと思います。高校用の検定教科書は何種類もあり、レベルも3段階ほどあると考えられています。大冒険をして一気に大きくレベルをダウンさせなくても、1レベル下げるだけで授業の進め方のアクセントは違ってきます。

　2014年度から北海道のいくつかの道立高校では、「コミュニケーション英語」などの教科書のレベルを下げたと聞いています。
　教科書のレベルを下げると生徒の英語力もレベルダウンする、と考えられがちです。しかし、中学英文法の定着が重要な課題であるということがわかったからには、高校で使用する教科書のレベルを調整するというのは、模索すべき方向だと、私は思います。
　「母語に直して理解する読解」を最終目的とした英語授業では、使用する教科書は、生徒にとって難しめのものにしがちです。2001年に金谷は、全英連高知研究大会で高知県の高校のチームと組んで、「和訳先渡し授業」を提案しました（詳細については『和訳先渡し授業の試み』（金谷憲ほか 2004 三省堂）。それ以後、和訳先渡しの取り組みについていくつも報告をいただいていますが、その中でかなり滑稽なものがありました。和訳を渡して生徒が和訳を読んだのだけれど、日

本語の意味が理解できない、と言うのです。母語で読んでも理解できないテキストを英語で「読んでいる」のでは、未習事項がたくさんあり過ぎて生徒の英語力アップには何の役にも立たないと思います。やさしめの教科書を使って、既習事項の定着を期すほうが、大学入試にも役に立つことを理解してほしいと思います。

7) どうやって語彙を増やす？ First things first.

　ここまでは、主に中学英文法の定着を具体化するための方策についての提言を行いました。これからは、語彙についても考えてみたいと思います。
　アルク調査の前提は「語彙はすべてわかる」だったわけですが、大修館調査で、教科書語彙だけでかなりの程度「すべてわかる」域に達することができるという結果が出ました。
　では、どうやって語彙を増やすかです。ここでも、「まずは教科書語彙から」ということを、私は提案したいと思います。

　高校では特に語彙を増やすために副教材を買わせることが多いと思います。副教材の語彙も教科書語彙も、すべて同時並行で身につけられればそれでよいのですが、どちらもあぶはち取らずに終わっているケースも少なくありません。
　教科書語彙だけでもかなりのレベルまでいくことは、実証されています。それだけでは足りないとしても、First things first. (最も重要なことから先に)、とにかく教科書語彙を先に固めてしまうほうが、能率が良いでしょう。特に、以前に使った教科書の語彙テストなどを、文脈と一緒に不意打ちテストするといったことはかなり素朴なやり方ですが、効果があると思います。

　教科書語彙を固めて、それでもなおかつ時間的余裕があるなら、これに上乗せして語彙を増やすことは全く問題ないことです。教科書語彙だけでは半分ぐらいしか解答できない大学の存在も明らかになったのですから、そうした大学志望者

には上乗せのための語彙習得が必要になります。

8) 小学校から新しい学習課程を構築させる

　最後に、教師ひとりひとりや学校単位の規模ではできないことですが、もっと大きな対策を提案したいと思います。
　次回の学習指導要領改訂（編集部注：平成28年度予定）からは、英語が小学校で教科化されます。小学校でどのようにするのか非常に注目されていますが、多くの高校生を（現在の学習指導要領で説明されている）中学英語から卒業させるためにも、私はこの改訂をうまく利用してほしいと思っています。

　小学校の英語科は中学校の前倒しではない、と文部科学省は強調していますが、前に倒してはいけないというのは、主に教え方のことではないでしょうか。いずれにせよ教科として早くはじめるのだから前へ倒す部分はあって当然で、全く前へ倒さずにカリキュラムを作るのは無理だと私は思います。
　その際、基礎の導入を主に行う学年と、導入された事項の定着のための学年を設定すると、この本で主張している中学英語の定着が可能になるのではないでしょうか。
　例えば、小5、小6、中1で、現在中学で導入しているような内容を導入してしまい、その後すぐに高校英語に移るのではなく、中2と中3は定着のための学習をするという考え方もあります。例えば、語彙は増やすけれど、新出の文法事項は原則導入せず、したとしても指導のメインにはしないといった教育課程を作る、ということです。もちろん、小5と小6で導入して、中1と中2で定着させ、中3からその先へ移行するといった学年の切り方でもよいわけです。

　このように、定着を主に行う期間を経てから、その先に進むといった方法にすると日本人の英語力は相当に底上げできるはずです。そうした学習過程が構築で

きるなら、小学校での教科化も有効に働くのではないでしょうか。

⑨ 指導のレパートリーを増やす

　これまで述べてきた「定着」をテーマとするに当たって、大きなネックになるのが、教師の教え方、指導のレパートリー不足です。「以前に習った教材を再度使おう」という提案をすると、必ずと言ってよいほど、「生徒が飽きてしまう」という反応が、現場の教師からあります。

　こうした反応をする教師の心にあるのは、最初に「教えた」ときと全く同じことを２度目も繰り返すという発想であるように思います。「教えた」と括弧つきで書いたのは、最初の「教えた」は、「導入した」ということにすぎないことに気づいてほしいからです。２度目は「導入」の授業ではなく、「定着」のための授業を行うという発想が、教師の間で極めて希薄であることが問題だ、と考えるからです。

　もっとも私の知る限りでは、生徒が１度目のことをすべて覚えている保証はないので、１度目と全く同じことをやったとしても、生徒が「飽きる」ことはまずないのですが、同じ英文をベースにして、いろいろな形で料理するアイデアが料理人（教師）の側になければ、生徒にとって繰り返しは当然退屈なものになるでしょう。

　やさしい英語を手を替え品を替えして教える技術を重要項目として、教師の研修に必ず入れ、訓練を行うことが必要になるでしょう。

正確な現状認識で教育を　〜むすび〜

　機はじゅくしてきました。本書で示したように、文法知識のみを問う大学入試問題は減ってきています。長文読解を行うのに必要な知識だけでもほぼよい、ということになってきたのです。

　民間のテストの利用をはじめとする、大学入試の改革も議論されています。こ

ちらはまだ具体的にはどのようになるか、はっきりと見えてきてはいませんが、英語についての知識ではなく、英語を使える能力が重視される方向へ動くことはまず間違いないだろうと思えます。

　アルク調査の結果を見ても、大学入試では基礎の定着がものを言いそうです。高校生全員に特に使用頻度のあまり高くない表現などを覚えさせることに長い時間と労力を費やすより、まず中学英文法をマスターさせることを目標として設定させ、この目標実現を目指して最大限の努力をさせることが入試対策の近道でしょう。

　このように述べたからと言って、中学英語を卒業したならすべておしまいで、その先を学ぶ必要がないと言っているのではありません。もし基礎ができた上でのことであれば、必要に応じて中学英語の上を行くことは、問題ないどころか望ましいことと言えます。

　大学入試でも、英語教育のほかの側面についてでも、要は正確な現状認識を持つことが、適切な改革に通じます。大学入試神話を隠れみのにして、高校英語授業の改革を怠らないようにしましょう。

　大学入試神話の検証が必要です。今回のアルク総研調査は、神話検証のためのひとつの試みでした。この結果を踏まえて、適切で効率の良い入試対策を期待したいと思います。

付録（Appendices）

Contents

1 CEFRと外部試験スコア換算の目安　160
2 中学校学習指導要領解説 外国語編（抜粋）　161
3 アルク教育総合研究所の調査レポート紹介　176

CEFRと外部試験スコア換算の目安

第2章で言及されている
CEFRと外部試験スコアとの比較を資料として掲載します。

※本情報は2015年8月当時のものです。

● TOEIC® プログラム各スコアとCEFRレベルの比較表

CEFR*レベル			TOEIC® スコア		TOEIC® SW スコア		TOEIC® Bridge スコア	
			Listening	Reading	Speaking	Writing	Listening	Reading
難しい（上級） ↕ 易しい（初級）	Professional User	C1	490〜	455〜	180〜	180〜		
	Independent User	B2	400〜	385〜	160〜	150〜		
		B1	275〜	275〜	120〜	120〜	84〜	86〜
	Basic User	A2	110〜	115〜	90〜	70〜	64〜	70〜
		A1	60〜	60〜	50〜	30〜	46〜	46〜

※数字はそれぞれのレベルに対応する最低スコアを示しています。

CEFRはヨーロッパで作成された外国語学習者の習熟度レベルを示すガイドラインとして、欧米で幅広く導入されてきています。A1〜C2までの6段階の言語力レベルのうち、TOEIC®プログラムでは、おおよそA1〜C1程度の英語力を測定できます。

＊CEFRとはCommon European Framework of Reference for Languagesの略称で、ヨーロッパ言語共通参照枠などと訳されます。欧州内の人材流動化にともなって、人材の適正な言語力評価を欧州統一基準で行う目的などから作られた枠組みです。

―(一財)国際ビジネスコミュニケーション協会ウェブサイト
http://www.toeic.or.jp/toeic/about/result.html より―

● 各試験団体のデータによるCEFRとの対照表

CEFR	英検	GTEC CBT	TOEFL® iBT	IELTS	TEAP	ケンブリッジ英検	TOEIC® & TOEIC® SW
C2				8.5 - 9.0		Proficiency (CPE：特上級)	
C1	1級	1400	110 - 120	7.0 - 8.0	396	Advanced (CAE：上級)	1305 - 1390
B2	準1級	1250 - 1399	87 - 109	5.5 - 6.5	334	First (FCE：上中級)	1095 - 1300
B1	2級	1000 - 1249	57 - 86	4.0 - 5.0	226	Preliminary (PET：中級)	790 - 1090
A2	準2級	700 - 999		3.0	186	Key (KET：上初級)	385 - 785
A1	3級 - 5級	- 699		2.0			200 - 380

―文部科学省「英語力の評価及び入試における外部試験活用に関する小委員会　審議のまとめ」
における安河内委員提出資料（平成26年7月）より―

02. 中学校学習指導要領解説 外国語編（抜粋）

中学校の文法を理解する上で重要な
「中学校学習指導要領」（平成20年改訂）の解説を一部資料として掲載します。
※「解説 外国語編」の第2章第2節「英語」の中から、文法事項に関する箇所を抜粋しています。

③ 言語材料

　言語材料は，英語の目標の達成を図るためのものでなければならない。コミュニケーション能力を養うため，言語材料を一層弾力的かつ適切に用いて，更に活発で多様な言語活動を行うようにする必要がある。

――略――

ア …言語材料の改善事項

――略――

　「文法事項」については，従来の学習指導要領で用いられていた「文型」に替えて「文構造」という用語を用いた。文を「文型」という型によって分類するような指導に陥らないように配慮し，また，文の構造自体に目を向けることを意図してより広い意味としての「文構造」を用いたものである。

　また，関係代名詞，to不定詞及び動名詞については「基本的なもの」，受け身については「現在形及び過去形」という制限をそれぞれ削除した。これは，それらの制限を超えるものも指導することができるということを明確にしたものである。ただし，「2（4）言語材料の取扱い」のイで「文法については，コミュニケーションを支えるものであることを踏まえ，言語活動と効果的に関連付けて指導すること」，ウで「（3）のエの文法事項の取扱いについては，（中略）実際に活用できるように指導すること」とされていることを踏まえ，過度に難しいものや複雑なものに偏ることなく，適切なものを扱うことが重要である。

イ …言語材料の取扱い

―― 略 ――

エ 文法事項

(ア) 文

> **a) 単文、重文及び複文**

　文は，単文，重文，複文を指導する。

　文の中に主語と述語の関係が一つだけ含まれるものが単文である。以下に単文の例を示す。

　　Paul has a guitar.
　　My teacher will come to my house this afternoon.
　　The doctor told me when to take the medicine.

　重文は，単文と単文がand，but，or などの接続詞によって並列的に結ばれた文である。

　　Tom went to the supermarket, and his wife stayed home.
　　Keiko is already here, but Goro hasn't come yet.

　複文は，従属節を含む文であるが，構造が単文や重文に比べて複雑であり，意味をとらえにくいことが多いため，学習段階に応じた適切な指導が必要である。

　　I didn't go out because it was raining.
　　When I visited Tomoko, she was listening to music.
　　Mary will have lunch before she comes here.
　　We know that Bill has a lot of CDs.

> **b) 肯定及び否定の平叙文**

　平叙文は，肯定文と否定文を指導する。

　肯定文は英語の基本的な語順を学ぶ上で基礎となるものであり，その特徴を十分理解させる必要がある。

　否定文は否定語や語形の変化などを伴うことが多いので，肯定文との違いを理解させて指導する必要がある。

肯定文の例

 Bill has three cats.

 They are his friends.

 You must be there at ten.

否定文の例

 Emi doesn't like baseball.

 She isn't a baseball fan.

 It can not play the piano.

c) 肯定及び否定の命令文

命令文についても肯定文と否定文を指導する。

　動詞の原形の使用，否定文の形など，命令文の基本的な特徴を一般動詞とbe動詞の場合の学習を通してとらえさせる必要がある。

肯定文の例

 Walk slowly, please.

 Please be quiet, Kenji.

 Turn off the lights.

否定文の例

 Don't run here.

 Don't be noisy, Erika.

 Don't leave the lights on.

d) 疑問文のうち、動詞で始まるもの、助動詞(can, do, mayなど)で始まるもの、orを含むもの及び疑問詞(how, what, when, where, which, who, whose, why)で始まるもの

　疑問文は，yes-no疑問文，orを含む選択疑問文，wh-疑問文などを指導する。

　それぞれの基本的な特徴をその応答の仕方の違いなどからもとらえて理解させる必要がある。疑問文は，平叙文とは異なる語順になったり，動詞の形が変化したりすることが多いため，言語活動の中で何度も使用することで慣れさせることが重要である。

yes-no 疑問文の例

 例1 A : Is this your classroom?

    B : Yes, it's ours.

 例2 A : Do you walk to school?

    B : No, I don't. I go there by bus.

or を含む選択疑問文の例

 例1 A : Would you like tea or coffee?

    B : Tea, please.

 例2 A : Does she like Japanese food or Chinese food?

    B : She likes Chinese food.

wh-疑問文の例

 例1 A : What did you have for breakfast this morning?

    B : I had rice and *miso* soup.

 例2 A : Who visited you during the holidays?

    B : My grandparents did. They flew in from Okinawa.

申し出や依頼の意味を含むため，その意向を踏まえて応答する必要がある例

 例1 A : Can I help you?

    B : Yes, please.

 例2 A : Can you help me?

    B : Certainly.

 例3 A : Do you have a minute?

    B : Of course.

(イ) 文構造

文構造はここに示すものを扱うこととする。

文構造の記述には，文の構成要素を示すために主語，動詞，目的語，補語などの用語を用いている。

a ［主語＋動詞］

［主語＋動詞］の文は，構成要素が二つで最も単純な文構造であるが，副詞句や前置詞句，従属節などが加わると意味の理解が難しくなる場合

があるため，主語と動詞を的確にとらえることができるよう指導する必要がある。

　　Yukio walks to school.

　　He often goes to the library by bus when it rains.

　　My parents listen to the news every morning before they go to work.

> **b)** ［主語+動詞+補語］のうち，
>
> 　（a）主語+be動詞 + $\begin{Bmatrix} 名詞 \\ 代名詞 \\ 形容詞 \end{Bmatrix}$
>
> 　（b）主語+be動詞以外の動詞 + $\begin{Bmatrix} 名詞 \\ 形容詞 \end{Bmatrix}$

これは a)［主語＋動詞］に補語が加わった文構造である。動詞がbe動詞の場合とbe動詞以外の場合で補語の品詞が異なるため，分けて示している。

(a) 主語＋be動詞＋名詞

　　This is my teacher.

　　That is Mt. Fuji.

　主語＋be動詞＋代名詞

　　The pen on the desk is mine.

　　The cat under the table is hers.

　主語＋be動詞＋形容詞

　　This game is exciting.

　　That movie was sad.

(b) 主語＋be動詞以外の動詞＋名詞

　　The boy became an astronaut.

　　The girl became a pianist.

　主語＋be動詞以外の動詞＋形容詞

　　You look nice in that jacket.

　　He felt happy when a lot of people came to his concert.

> c) ［主語＋動詞＋目的語］のうち，
>
> (a) 主語＋be動詞＋ { 名詞 / 代名詞 / 動名詞 / to不定詞 / how（など）to不定詞 / thatで始まる節 }
>
> (b) 主語＋動詞＋whatなどで始まる節

これは a）［主語＋動詞］に目的語が加わった文構造である。

(a) 主語＋動詞＋名詞

　　I like apples very much.

　　He studies English very hard.

主語＋動詞＋代名詞

　　Yuko met him yesterday.

　　James played it after school.

　　Did we see you then?

主語＋動詞＋動名詞

　　They enjoyed talking together yesterday.

　　We like eating the school lunch.

主語＋動詞＋to不定詞

　　He tried to do his best.

　　He hoped to be a doctor.

主語＋動詞＋how（など）to不定詞

　　My grandfather knows how to use the computer.

　　I want to know when to take the medicine.

主語＋動詞＋thatで始まる節

　　We didn't know that she was ill.

　　We understand that the test is difficult.

(b) 主語＋動詞＋whatなどで始まる節

I don't know what he will do next.

We know who can answer the question.

> **d)** ［主語＋動詞＋間接目的語＋直接目的語］のうち，
>
> (a) 主語＋動詞＋間接目的語＋ { 名詞 / 代名詞 }
>
> (b) 主語＋動詞＋間接目的語＋how(など)to不定詞

これは a) ［主語＋動詞］に目的語が二つ加わった文構造である。指導に当たっては，間接目的語と直接目的語の役割や位置に留意する必要がある。

(a) 主語＋動詞＋間接目的語＋名詞

The teacher told us an interesting story.

He showed me his new bike.

She gave me her e-mail address.

主語＋動詞＋間接目的語＋代名詞

I will show her that.

I can teach him that.

I won't tell them this.

(b) 主語＋動詞＋間接目的語＋how(など)to不定詞

I taught him how to send e-mail.

I showed him where to post the letter.

I told them what to buy for the soup.

> **e)** ［主語＋動詞＋目的語＋補語］のうち，
>
> (a) 主語＋動詞＋目的語＋ { 名詞 / 形容詞 }

これは c) ［主語＋動詞＋目的語］に補語が加わった文構造である。

指導に当たっては，特に **d)** の文構造との違いに留意する必要がある。

 主語＋動詞＋目的語＋名詞

  We call him Ken.

  We named her Hana.

 主語＋動詞＋目的語＋形容詞

  Her smile always makes us happy.

  Tom painted the wall red.

  You should keep this room clean.

---

f) その他

 (a) There＋be動詞＋～
 (b) It＋be動詞＋～(＋for ～)＋to不定詞
 (c) 主語＋tell, wantなど＋目的語＋to不定詞

ここに示した文構造は，上記の **a)** から **e)** とは別に，there, it, tell, wantなどの語に特徴的なものとして別途示すこととした。

(a) There＋be動詞＋～

 There is an old tree in front of my house.

 There is a bookstore next to my school.

(b) It＋be動詞＋～(＋for ～)＋to不定詞

 It is fun to travel to new places.

 It is not easy for me to understand English.

(c) 主語＋tell, wantなど＋目的語＋to不定詞

 Our teacher told us to go out and enjoy the break.

 Mary wants you to eat this chocolate.

(ウ) 代名詞

---

a) 人称，指示，疑問，数量を表すもの

ここでは指導すべき代名詞の種類を示している。

 人称を表すもの　…　I, you, he, sheなど及びこれらの所有格や目的格。
       また，mine, yours, hisなどもここに含める。

指示を表すもの … this, that, theseなど。
疑問を表すもの … what, which, whoなど。
数量を表すもの … some, few, muchなど。

b) 関係代名詞のうち，主格のthat, which, who及び目的格のthat, whichの制限的用法

関係代名詞については，主格のthat, which, who及び目的格のthat, whichの制限的用法を指導する。また，接触節については，関係代名詞と併せて指導することも考えられる。

　　Yuki bought a doll that had large beautiful eyes.
　　The animal which runs the fastest is the cheetah.
　　Is that the man who was in the park yesterday?
　　These are the pictures that he painted in the country.
　　This is the dog which I like the best.
　　This is the mountain I climbed last year.

なお，関係代名詞を扱うに当たっては，活用して定着を図るために授業時数が増加されているといった改訂の大きな方向性を踏まえながら，過度に難しいものや複雑なものに偏ることなく，適切なものを扱うことが重要である。

(エ) 動詞の時制など

現在形，過去形，現在進行形，過去進行形，現在完了形及び助動詞などを用いた未来表現

動詞の時制などは，以下のようなもの（これらの否定文や疑問文の場合を含む）を指導する。

〈現在形〉
次のようなものを扱う。
　　We are tired and sleepy.
　　We take a walk in the park every morning.
　　There are seven days in a week.

〈過去形〉

次のようなものを扱う。また，規則動詞と不規則動詞の両方を扱う。

　　He was in China last year.

　　We watched TV in class today.

　　We swam in the ocean last summer.

〈現在進行形，過去進行形〉

次のようなものを扱う。指導に当たっては，現在形や過去形などとの対比をしながら，これらの表現のもつ意味を理解させることが大切である。

　　Hanako is opening the present.

　　My mother is talking on the phone.

　　Taro was kicking a ball.

　　They were working on the computer.

〈現在完了形〉

次のようなものを扱う。

　　He has lived in London for two years.

　　We have been to New York three times.

　　I have played this game more than twenty times.

　　I have just cleaned my room.

〈助動詞などを用いた未来表現〉

次のようなものを扱う。

　　It will be fine tomorrow.

　　I will take that yellow shirt.

　　We are going to play basketball after school.

　　Beth is coming to the party tomorrow.

また，依頼や，相手の意向を尋ねる次のようなものも扱う。

　　Will you close the door?

　　Shall I help you?

　　Shall we eat out tonight?

(オ) 形容詞及び副詞の比較変化

〈形容詞の場合〉

原級に-er, -estの付くもの，more, mostの加わるもの及び不規則な

変化をするものを指導する。

　　　tall - taller - tallest

　　　easy - easier - easiest

　　　beautiful - more beautiful - most beautiful

　　　good - better - best

〈副詞の場合〉

　原級に-er，-estの付くもの，more，mostの加わるもの及び不規則な変化をするものを指導する。

　　　fast - faster - fastest

　　　slowly - more slowly - most slowly

　　　well - better - best

（カ）to不定詞

　to不定詞は，以下のようなものを指導する。

名詞としての用法

　　　I want to drink water.

　　　To learn a new language is difficult.

形容詞としての用法

　　　Hiroshi needed something to drink.

　　　The students had a lot of homework to do.

副詞としての用法

　　　They went to the supermarket to buy some food.

　　　My sister studies hard to enter college.

　　　I am glad to see you.

　　　We are excited to meet you again.

（キ）動名詞

　動名詞は，以下のようなものを指導する。

　　　We enjoyed dancing together.

　　　Keeping a diary is not easy.

　　　This room is usually used for eating lunch.

(ク) 現在分詞及び過去分詞の形容詞としての用法

現在分詞や過去分詞が修飾する語の前に置かれる場合と後ろに置かれる場合を扱う。特に，後置修飾は日本語にない形であり，今回の改訂で新たに「2 (4) 言語材料の取扱い」のウで「語順や修飾関係などにおける日本語との違いに留意して指導すること」が追加されていることを踏まえた指導が必要である。なお，いずれの場合も修飾する語との意味の関係をおさえた指導が重要である。

修飾する語の前に置かれる場合

My brother saw shooting stars last night.

He wants to learn spoken Japanese.

修飾する語の後に置かれる場合

Those monkeys taking a bath together are popular around here.

This is a book written by Soseki.

(ケ) 受け身

受け身は，以下のようなものを指導する。

Judo is enjoyed by many people in the world.

English is spoken around the world.

This machine was made in France.

A new gym will be built here.

We will be given new textbooks next year.

4 言語材料の取扱い

ア 発音と綴りとを関連付けて指導すること。

この項目は，小学校において外国語活動が導入されたことを踏まえ，今回の改訂で新たに示したものである。

小学校における外国語活動では，音声を中心に慣れ親しみ，それを受けて中学校では文字を通した学習が始まることから，音声と文字の関係

に触れた学習をすることが適切であることを示したものである。

例えば，小学校でplay/pleɪ/やthank/θæŋk/などの音声に触れたあと，中学校では文字でどのように表すかを学ぶこととなるが，その両者を関連付けて指導することで，発音と綴りの関係に気付かせることが大切である。

イ　文法については，コミュニケーションを支えるものであることを踏まえ，言語活動と効果的に関連付けて指導すること。

中央教育審議会答申においては「中学校・高等学校を通じて，コミュニケーションの中で基本的な語彙や文構造を活用する力が十分身に付いていない」ことが課題として指摘されている。言うまでもなく，文法の指導はコミュニケーション能力の育成を図る指導と対立するものではなく，円滑にコミュニケーションを行うとともに，豊かな内容を伴うコミュニケーションを行うためには，正しい文法の基盤が必要不可欠である。その意味で，文法については，コミュニケーションを支えるものととらえ，コミュニケーションを実際に行う言語活動と効果的に関連付けて指導することが重要であることを今回の改訂で新たに示したものである。

したがって，文法事項を指導する際には，その意味や機能を十分に理解させた上で，それまでに学んだ語彙や文法事項と関連を図り，言語活動の中で自分の考えや気持ち，事実などを伝え合うことに生かすことが大切である。

ウ　(3)のエの文法事項の取扱いについては，用語や用法の区別などの指導が中心とならないよう配慮し，実際に活用できるように指導すること。また，語順や修飾関係などにおける日本語との違いに留意して指導すること。

上記のイでは，文法の位置付けと文法指導の在り方を示している。ここでは，文法事項の取扱いについてより具体的に示している。

限られた学習時間を有効に活用するため，文法事項の指導に当たっては，文法用語の解説や用法の区別などに深入りしないように留意するとともに，実際に活用できるようにすることを目指すことが重要である。
　また，今回の改訂では，指導に当たって，語順や修飾関係などにおける英語と日本語の違いに配慮することが必要であることを新たに示した。これは，今回の改訂全体において，言語に関する能力の育成が重視されており，日本語との違いを意識させることは，単に英語に特有の語順等に注意を向けさせるだけでなく，日本語を含めた言語に関する能力の向上に資するものと考えられるからである。
　なお，語順における日本語との違いとしては，例えば，英語における動詞と目的語の語順は，日本語における述語と目的語の語順とは基本的に異なることなどが挙げられる。また，修飾関係における日本語との違いについては，次のような例が挙げられる。

　修飾関係が日本語と同様の例
　　　a sleeping baby：眠っている赤ちゃん
　　　a big dog：大きな犬
　修飾関係が日本語とは異なっている例
　　　a picture of my family：家族の写真
　　　the girl with short hair：短い髪の女の子
　　　the boy swimming in the pool：プールで泳いでいる少年
　　　a friend who lives in London：ロンドンに住んでいる友達
　　　the mountain I climbed last year：去年登った山

　このように，前置詞句や現在分詞・過去分詞が後置修飾になる場合，あるいは接触節などにおいては，後ろから修飾するという日本語との違いに留意して指導することが必要である。

エ　英語の特質を理解させるために，関連のある文法事項はまとまりをもって整理するなど，効果的な指導ができるよう工夫すること。

　文法事項の指導について，今回の改訂で新たに示したものである。
　文法事項を指導する際，一つ一つの事項の指導において英語の特質を

理解させるだけでなく，関連のある文法事項についてはより大きなカテゴリーとして整理して理解させることが必要であることを示したものである。

　例えば，現在形や過去形の指導の後，時制として整理したり，不定詞や関係代名詞などを修飾という側面から整理したり，上記のように英語と日本語の違いに焦点を当てて整理したりするなどである。

　「まとまりをもって整理する」とは，既習の文法事項と新しく学んだ文法事項の共通した特徴を，例えば「まとめ」などとして比較対照しながら整理し，効果的な指導ができるようにするなどの工夫をすることである。

　なお，この項目は，イで示されているとおり，文法はコミュニケーションを支えるものであり，コミュニケーションを円滑に行うとともに，内容を伴う豊かなコミュニケーションを図るためには，文法事項を正しく理解することが重要であることを当然の前提としているものであり，そのための効果的な指導方法の一つとして，関連のある文法事項をまとまりをもって整理することを明示したものである。したがって，あくまでコミュニケーションを図る言語活動において活用することを目指して，こうした指導が行われるべきことに十分留意する必要がある。

―以上、全文は文部科学省ウェブサイト「中学校学習指導要領解説（外国語）」
(http://www.mext.go.jp/a_menu/shotou/new-cs/youryou/chukaisetsu/) にて閲覧できます。

03. アルク教育総合研究所の調査レポート紹介

アルク教育総合研究所による、過去の調査レポートの概要を紹介します。
※調査レポートの全文はhttp://www.alc.co.jp/company/reportで閲覧・ダウンロードが可能です。

アルク教育総合研究所とは

語学学習者に成果をもたらす有益な方法を追求するために、(株)アルクが2014年に設立した研究所です。学習行動を成果に結びつけやすくするために、教材・学習法の研究、学習者個人・企業・教育機関のニーズ調査等を随時行い、2014年より「アルク英語教育実態レポート」を公表しています。

Vol. 1 スピーキングテストと学習アドバイス業務を中心に

2014年3月に発表された第1弾の調査レポート。アルクが独自に開発したスピーキングテスト、TSST(Telephone Standard Speaking Test)の膨大な受験者データを基に、TOEIC®スコアとの相関や受験者の属性ごとのレベル分布などを公開。レポートの後半では、高等教育機関で一部採用される英語学習アドバイザー(注:アルクが派遣)の、2014年までの利用状況について報告がなされています。

TSSTの概要

TSSTとは、アルクが独自に開発した電話を使った英語スピーキング能力試験で、1997年開始のSSTと合わせ、受験者は法人団体を中心に累計8万人を超えています。以下の4つの評価基準に基づき、「英語を使って何ができるか」を評価します。

図表1 ● TSSTの評価基準

言葉を使って何ができるか=総合的タスク・機能
聞き手にどれくらい正確に理解されるか=正確さ(文法、語彙、発音、流暢さ)
単語、句、文、段落をどのように使っているか=テクストの型
どのような内容、状況について話せるか=内容範囲・コンテクスト

評価者は上記基準に基づき、発話全体を見渡して評価する(包括評価 holistic rating と言う)。

Vol. 3 日本人の仕事現場における英語使用実態調査

2015年３月に発表された第３弾の調査レポート。日本人の「仕事現場における英語使用実態」に関わる調査として、実際に仕事で英語を使っている825人へのヒアリングと、世間一般の人々が抱く「仕事で英語を使っている人」に対するイメージの両方を併せて調査し、イメージと実態とのギャップを明らかにしています。

関連書籍の案内

本レポートの調査内容が、詳細な分析や考察とともに掲載された関連書籍。「グローバル教育」を取り巻く課題に光を当て、英語教育、留学政策、初等中等教育の国際標準化、大学のオープン化と世界展開、入試改革、日本語教育など、さまざまな切り口でグローバル人材育成について考えます。

アルク教育総合研究所 ● 2015『グローバル教育を考える』アルク

Vol. 4 ESAC：英語学習アドバイス業務とその成果
（2013、2014年度の５大学での実績から）

2015年５月に発表されたレポート第４弾。Vol. 1でも紹介された、ESAC資格を有する英語学習アドバイザーが、大学に常駐して継続的に学習者を支援した取り組みとその変遷を、実際の相談ケースを交えながら詳細に報告しています。「自律的学習の確立」を目的に、学習者ひとりひとりと向き合う英語学習アドバイザーの重要性がわかる内容となっています。

ESAC資格について

アルクが2005年より運用する「英語学習アドバイザー資格認定制度 English Study Advisors' Certificate (ESAC)」。学習者が「自律的学習」を進められるよう支援することを活動の目的とし、「プロの英語学習支援者」を育成・管理しています。

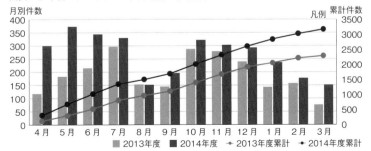

図表2 ● 学習アドバイザー５大学合計の相談件数

参考文献・本書で取り上げた入試問題一覧

✳ 参考文献一覧（登場順）

[第1章]
金谷憲（編著）2009『教科書だけで大学入試は突破できる』大修館書店

[第5章]
金谷憲（編著）2009『教科書だけで大学入試は突破できる』大修館書店
Beppu, Y 2002 An analysis of the university entrance examination focusing on some specific sentence patterns *Leo, 31*
Yoshida, S 2011 An analysis of English grammar exercise books *Leo, 40*
Yoshida, S 2012 An Analysis of Authorized English Textbooks and University Entrance Examinations Focusing on Sentence Structures. Unpublished master's thesis
「高等学校段階までの学習で身につけてほしいこと」
　http://www.u-tokyo.ac.jp/stu03/e01_01_18_j.html
「中学までの知識で解ける！大学入試問題」
　http://manabi.benesse.ne.jp/nyushi/tokeru/e001/
「東北大学 平成26年度 一般選抜入学試験 個別学力試験 出題意図」
　http://www.tnc.tohoku.ac.jp/jpn/ito/2014english.pdf
教学社編集部 2014 大学入試シリーズ2015年版『東北大学（文系）』教学社

[第6章]
2012『Crown English Communication Ⅰ』三省堂
金谷憲＋高知県高校授業研究プロジェクト・チーム（著）2004『和訳先渡し授業の試み』三省堂
金谷憲（編著）2009『教科書だけで大学入試は突破できる』大修館書店
金谷憲（編著）2012『高校英語教科書を2度使う！』アルク

✳ 入試問題一覧（登場順）

[第3章]
例1　2014年度 センター試験 大問2
例2　2014年度 慶應義塾大学 大問5
例3　2014年度 早稲田大学 大問4
例4　2012年度 北海道大学 大問2
例5　2013年度 中央大学 大問8
例6　2014年度 センター試験 大問2
例7　2013年度 名古屋大学 大問2（出典：David Futrelle, "Need to Brainstorm? Head to Starbucks," Time, June 21, 2012より。原文を一部変更）

特に断りのない限り、URLは2015年8月当時のものです。

例8	2014年度 東京大学 大問4
例9	2012年度 東京大学 大問4
例10	2013年度 大阪大学 大問2
例11	2013年度 一橋大学 大問1
例12	2013年度 東京大学 大問1

[第4章]

例1	2013年度 東京大学 大問4
例2	2014年度 近畿大学 大問3
例3	2014年度 東洋大学 大問5
例4	2014年度 早稲田大学 大問1
例5	2013年度 名古屋大学 大問1（出典：Joseph de Sapio, "'A Reign of Steam': Continental Perceptions of Modernity in Victorian London, 1840-1900," The London Journal, Vol. 37, No. 1, March 2012, 42-44 より。原文を一部変更）
例6	2012年度 学習院大学 大問5
例7	2014年度 早稲田大学 大問1
例8	2014年度 東北大学 大問2（出典：William A. Wurts, "World Aquaculture," March 1998より）
例9	2012年度 京都大学 大問2
例10	2012年度 東京大学 大問4
例11	2013年度 東洋大学 大問5
例12	2014年度 東洋大学 大問2
例13	2013年度 駒澤大学 大問10
例14	2012年度 中央大学 大問3
例15	2014年度 法政大学 大問2
例16	2012年度 立教大学 大問3
例17	2013年度 駒澤大学 大問4
例18	2012年度 東京大学 大問2
例19	2014年度 学習院大学 大問7
例20	2014年度 京都大学 大問1
例21	2014年度 一橋大学 大問3
例22	2013年度 近畿大学 大問7

[第5章]

例1	2014年度 東北大学 大問4（出典：リービ英雄、『英語で読む万葉集』より）
例2	2012年度 一橋大学 大問4
例3	2014年度 東京大学 大問2

執筆者紹介

❋ 編著者

金谷 憲(かなたに けん)
執筆分担 ● 第1章、第6章

東京学芸大学名誉教授。1948年東京生まれ。東京大学大学院人文科学研究科修士課程(英語学)、教育学研究科博士課程(学校教育学)およびスタンフォード大学博士課程を経て(単位取得退学)、1980年より32年間、東京学芸大学で教鞭を執る。現在、フリーの英語教育コンサルタントとして、学校、都道府県その他の機関に対してサポートを行っている。専門は英語教育学。研究テーマは、中学生の句把握の経年変化、高校英語授業モデル開発など。全国英語教育学会会長、中教審の外国語専門部会委員などを歴任。1986年より3年間NHK「テレビ英語会話I」講師、1994年から2年間NHKラジオ「基礎英語2」監修者。著書に『英語授業改善のための処方箋』(大修館書店刊)、『英語教育熱』(研究社刊)『高校英語授業を変える！』(編著／アルク刊) など多数。

❋ 著者

片山七三雄(かたやま なみお)
執筆分担 ● 第4章

東京理科大学教授。昭和35年広島生まれ。東京学芸大学教育学部中等教育教員養成課程英語科卒。横浜国立大学教育学研究科英語教育修士課程修了。専門は教科教育学(読解作文指導、文法指導)。暗記ではなく、理解に基づく(特に理科系の人に学びやすい、数学や理科と同じような手法による)英語の指導方法を研究中。文法では、文法形式の根本的(本質的)意味を明らかにし、その文法形式がいつ使われるのが相応しいのかという観点から指導する。読解・作文では、アカデミックに書かれた英文の読解を日本人がなぜ上達しないのかを、冠詞、時制、論法、semantic and syntactic variety、多義性排除などの観点から分析し、指導する。著書に『大学受験スーパーゼミ 英語頻出問題の分析と解法』(桐原書店刊)、『よくわかる英文法』『よくわかる英文法問題集』(共著、学研教育出版刊) など。

吉田翔真（よしだ しょうま）
執筆分担 ● 第3章第2節、第5章

浅野学園英語科教諭。埼玉生まれ。埼玉県内の学習塾講師を経て、2012年より現職。大学（法学部）時代は教育法のゼミに所属。研究テーマは、「品川区の小中一貫教育」「杉並区立和田中学校の教育」など。大学院での専門は英語教育学。大学入試が学校の授業や教材等に与える波及効果（backwash effect）などを研究。修士論文のタイトルは、"An Analysis of Authorized English Textbooks and University Entrance Examinations Focusing on Sentence Structures"。

✳ 執筆協力

織田孝一（おだ こういち）
第2章座談会の構成・執筆

Sherpaの主な活動内容

2010年から活動するSherpaの活動内容を紹介します。

✳ 目的

Senior High English Reform Project ALCの略で、東京学芸大学金谷憲名誉教授をリーダーに立ちあげたプロジェクトです。シェルパが登山家を頂上まで導くように、高校の先生方の手助けとなって、高校英語授業の改善に貢献することを目的としています。

✳ これまでの活動

2010	Sherpa 立ち上げ
	＊定着活動を重視した授業モデルのパターン作りの研究を開始
	＊従来とは異なる切り口による大学入試問題の分析を開始
	『英語の先生応援マガジン』にて活動報告を開始
	第1回 Sherpa 発表会(神奈川)
	第2回 Sherpa 発表会(東京)
2011	＊高校現場を訪問してセミナーや研修などを行う出張研修会を開始
	『高校英語授業を変える！』
	『高校英語の授業マニュアル　訳読Only からの Takeoff』
	『高校英語の授業マニュアルDVD』
	『1日5分！　英文法リアクション・トレーニング 基礎編』
	『1日5分！　英文法リアクション・トレーニング 応用編』
	第3回 Sherpa 発表会(東京)
	第4回 Sherpa 発表会(埼玉)
	第5回 Sherpa 発表会(岡山)
	第6回 Sherpa 発表会(大阪)
2012	『大学入試英語　パラチャート・トレーニング』
	第7回 Sherpa 発表会(東京)
	第8回 Sherpa 発表会(名古屋)
	第9回 Sherpa 発表会(佐賀)
	第10回 Sherpa 発表会(仙台)
2013	＊コミュニケーションのための文法参考書の企画検討を開始
	『高校英語教育を整理する！』
	第1回 Sherpa 演習セミナー(東京)
	第11回 Sherpa 発表会(千葉)
	第12回 Sherpa 発表会(神奈川)

2014	＊大学入試問題における中学英文法の重要性を探る調査を開始
	＊教科書とティーチャーズ・マニュアル(TM)との関係および TM の活用法についての調査・議論
	第2回 Sherpa 演習セミナー(東京)
	第3回 Sherpa 演習セミナー(福岡)
	第4回 Sherpa 演習セミナー(神奈川)
	『総合英語 One』、『総合英語 One【完全準拠】Grammar Book』、『総合英語 One【完全準拠】Workbook』ほか4点刊行
2015	「アルク英語教育実態レポート Vol. 2 ―英語の大学入試問題における中学英文法の重要性調査―」発表
	第5回 Sherpa 演習セミナー(東京)

✻ 著作一覧

先生向け

2011 ● 『高校英語の授業マニュアル　訳読 Only からの Takeoff』
　　● 『高校英語の授業マニュアル　DVD』
　　　「内容理解」中心の授業に「定着活動」を取り入れるための授業の方法を学ぶマニュアル。準拠のDVDには、各モデルの授業風景をダイジェストで収録。
　　● 『高校英語授業を変える！』
2012 ● 『高校英語教科書を2度使う！』
2013 ● 『高校英語教育を整理する！』

生徒向け

2011 ● 『1日5分！　英文法リアクション・トレーニング 基礎編』
　　● 『1日5分！　英文法リアクション・トレーニング 応用編』
　　　音声を駆使したトレーニングにより、「1日5分」の短時間で中学英語の定着を図る。※解答・解説付き。生徒用CDは別売。
2012 ● 『大学入試英語　パラチャート・トレーニング』
　　　長文の要点をパラグラフでまとめた「パラチャート」の活用で、訳読にかかる時間をグッと短縮できる問題集。※解答・解説付き。生徒用CDは別売。
2014 ● 『総合英語 One』
　　● 『総合英語 One【完全準拠】Grammar Book』
　　● 『総合英語 One【完全準拠】Workbook』ほか4点
　　　「コミュニケーションのための文法」をコンセプトにした文法参考書。目的に合わせて使い分けられる「読んで理解」編と「調べて納得」編のふたつのセクションを用意。準拠のGrammar BookとWorkbookには音声を用いた演習問題を収録。
　　　※解答・解説付き。Workbookは生徒用CD付き。

アルク選書シリーズ
中学英文法で大学英語入試は8割解ける!

発行日　2015年8月3日（初版）

監修　アルク教育総合研究所
編著者　金谷 憲
著者　片山七三雄、吉田翔真
編集　文教編集部、松川香子
執筆協力（第2章）　織田孝一
英文執筆・校正　Peter Branscombe、Margaret Stalker
デザイン　松本君子
イラスト　矢戸優人
DTP　株式会社創樹
印刷・製本　株式会社倉田印刷
発行者　平本照麿
発行所　株式会社アルク
〒168-8611 東京都杉並区永福2-54-12
TEL：03-3327-1101　FAX：03-3327-1300
Email：csss@alc.co.jp
Website：http://www.alc.co.jp/

地球人ネットワークを創る
アルクのシンボル
「地球人マーク」です。

● 落丁本、乱丁本は弊社にてお取り換えいたしております。
アルクお客様センター（電話：03-3327-1101　受付時間：平日9時～17時）までご相談ください。
● 本書の全部または一部の無断転載を禁じます。著作権法上で認められた場合を除いて、本書からのコピーを禁じます。
● 定価はカバーに表示してあります。

©2015 Ken KANATANI / Namio KATAYAMA / Shoma YOSHIDA / ALC PRESS INC.
Printed in Japan.
PC: 7015045
ISBN: 978-4-7574-2651-1